EXIL

Rolf Stolz

DIE SCHÄRFE DES LACHENS: WILHELM BUSCH

edition buchhaus loschwitz

Impressum

1. Auflage 2021

Friedrich-Wieck-Straße 6, 01326 Dresden
www.kulturhaus-loschwitz.de

Satz und Gestaltung: ws dresden

ISBN 978-3-9823005-6-6

Inhalt

Sehnen wir uns im Grunde nicht alle nach einer Welt des Friedens und himmlischer Ruhe? Aber sollte inmitten der Füchse und der sonstigen Raubtiere der Igel etwa nicht seine Haut verteidigen?

Vorwort

Soll man heute – also inmitten von Notständen, Krisen und Katastrophen, in einer Zeit der Kriegsdrohungen und des Krieges am Rande Europas – ausgerechnet über Wilhelm Busch schreiben? Oder soll man dies vertagen und es denen überlassen, die ihr Buch marktgerecht im Jahr 2032 zum zweihundertsten Geburtstag plazieren werden? Weiß man nicht ohnehin bei einem derart populären Künstler, der sich doppelt – schreibend und zeichnend – ausgedrückt hat, von vornherein Bescheid? Wie man sich denken kann, gehe ich davon aus, daß Wilhelm Busch unserer Gegenwart vieles zu sagen hat und daß längst noch nicht alles über ihn gesagt ist.

Warum diese Erwartung?

Wilhelm Busch ist ein zutiefst hintergründiger und spiritueller Autor, aber er ist weder Frömmler noch Sektierer. Er ist einer der scharfzüngigsten Kritiker eines pseudoreligiösen Fanatismus, dessen Ergebnis notwendig Verdummung und Korruption ist. Im Neunzehnten Jahrhundert verlangte dies die Auseinandersetzung mit Ultramontanen und Klerikalen. In unserer Epoche, in der weltweit die Dunkelmänner – und zwar vor allem aus dem legalistischen wie aus dem terroristischen Islamismus – im Vormarsch sind, ist diese Aufklärung über die Freiheitsfeinde äußerst dringlich und überlebenswichtig.

Wilhelm Busch ist ein kritischer Realist, der vom wirklichen Leben ausgeht und nicht von Wunschträumen, die den gerade Herrschenden ins Konzept passen oder die ausweichen in utopische Luftschlösser eines neuen Menschen und einer paradiesisch gerechten neuen Welt. Allerdings hat diese prinzipielle philosophische Nüchternheit ihn nicht daran gehindert, mit dem *Schmetterling* und *Eduards Traum* Meisterwerke der phantastischen Literatur zu schreiben. Es ist im übrigen nicht verwunderlich, daß die ins *juste milieu* gewendeten deutschen Grünen sich den gesellschaftspolitisch verdienstvollen, literarisch aber eher zweitrangigen Heinrich Böll als Schutzpatron ihrer Stiftung erkoren haben und daß dieser katholische Gutmensch haßerfüllt Wilhelm Busch attackiert hat.

In der großen kultur- und identitätspolitischen Auseinandersetzung um politische Korrektheit und um ein Recht auf Zensur und Kulturzerstörung für alle angeblich Diskriminierten und Beleidigten ist die scharfe Buschsche Satire ein wirksames Gegenmittel gegen das Wehgeschrei der Sensibelchen und Miniminderheiten. Bei ihm bekommen die Heuchler und die Dummbeutel so exemplarisch ihr Fett weg, daß die Übertragung auf deren heutige Nachfahren kinderleicht ist.

Wie man sieht, ist an guten Gründen, Wilhelm Busch wieder und/oder neu zu entdecken, kein Mangel. Auf begrenztem Raum habe ich versucht, einen Überblick über sein Leben und sein Werk zu geben. Gerade weil ich als Diplom-Psychologe über jahrzehntelange Erfahrungen aus Diagnostik und Therapie verfüge, habe ich auf jene psychologisierenden Spekulationen verzichtet, in die sich etwa Eva Weissweiler in *Wilhelm Busch – der lachende Pessimist* (Köln 2007) flüchtet, um all die Geheimnisse zu lüften, die der »Versteckspieler«, wie Herbert V. Günther Wilhelm Busch titulierte, oft genug bewußt hinterlassen hat. Weissweiler nennt ihn in melodramatischer Überspitzung eine »außerordentlich verstörte, fast autistische Persönlichkeit«. Methodisch lehnt sie sich an Gert Ueding an, der in *Wilhelm Busch: Das 19. Jahrhundert en miniature* (Frankfurt a. M. 1977, revidiert und erweitert ebd. 2007) eine psychoanalytisch akzentuierte Dar- und Zerlegung versuchte. Die von Freud begründete Methode, die teils auf wissenschaftliche Überlegungen zurückgreift, teils von der Wirkmächtigkeit einer Heiler-Persönlichkeit abhängig ist und die im engsten zwischenmenschlichen Kontakt der Therapiesitzung entwickelt und erprobt wurde, nun *post festum* auf Persönlichkeit und Werk eines vor hundert Jahren verstorbenen Autors anzuwenden, riskiert natürlich, immer wieder in die Gefilde des heiligen Spekulatius abzugleiten. Es mag ja sein, daß der kleine Wilhelm versucht hat, aus Eifersucht seine zwei Jahre jüngere Schwester Fanny zu ertränken – aber in aller Bescheidenheit müssen wir erkennen, daß sich dies nie mehr klären lassen wird, es sei denn, es fände sich unter den Papieren ein bisher übersehenes Geständnis von eigener Hand.

Daß Wilhelm Busch eine in sich widersprüchliche Persönlichkeit war und daß die Zerrissenheiten dieses Weltgenies den allgemeinmenschlich üblichen Rahmen überschritten, liegt auf der Hand. Daß Kindheitstraumata wie die Abtrennung von Eltern und Heimat auf ihn lebenslänglich einwirkten, daß sie gleichzeitig kreative Anregung und lähmende Einflüsse bedeuteten, gilt ebenso. Daß ein lebenslänglicher Junggeselle, zeitweise in einer zumindest dubiosen Nähe zu einer verheirateten mütterlichen Mäzenin und im übrigen die meiste Zeit mit nahen Verwandten zusammenlebend, anderes erlebt als einer »in festen Händen« oder ein Mann mit jener Symptomatik, die in der DDR Gestasi-bürokratisch mit HWG (häufig wechselnde Geschlechtspartner) bezeichnet wurde, ist fraglos selbstverständlich und banal.

Wilhelm Busch hatte eine eindeutige protestantische Prägung durch ein ebenso grundsatztreues wie pragmatisches Luthertum, dem die katholische Fixierung auf Papst und Priester ebenso fremd blieb wie die heute grassierende liberalistische Laxheit der Polit-Pfaffen. Er war ein gläubiger Agnostiker im strengen, ursprünglichen Sinn – in Abgrenzung zu allen, die dem Irrglauben an Erfaßbarkeit, Beweisbarkeit und Beherrschbarkeit des Göttlichen anhängen. Er unterwarf sich so wenig der Amtskirche, wie er trotz seiner Sympathien für die 1848er Revolution und die Sozialdemokratie bereit war, mit Georg Herwegh als eiserne Partei-Lerche im Duett zu singen. Eingestimmt und mitgetrunken hätte er allerdings, wenn er Jesus mit dem *alter ego* des kongenialen Robert Gernhardt, dem Dichter Dorlamm, in einer Frankfurter Kneipe getroffen und die Aufforderung des Heilands vernommen hätte: »Prost. Dann wolln wir mal!«[1]

Ein Asket war Wilhelm Busch erst recht nicht: Seine exzessiven Charakterzüge lebte er vor allem im Rauchen bis zur Nikotinvergiftung und im rauschhaften Trinken aus. Ohne ein Sadist zu sein bzw. ohne daß es für entsprechende Handlungen irgendeinen Beleg gibt, unterdrückte er die wohl bei jedem von uns vorhandenen sadistischen Impulse nicht, sondern ließ sie einfließen in seine Gestaltungen, sublimierte sie damit. Hätte er aus Angst vor einem Zeigen tabuisierter Gedanken Max und Moritz mit Nachsitzen und Selbstkritik wegkommen lassen, wäre das sterbenslangweilig und eine künstlerische Bankrotterklärung geworden.

Es gehört zu dem kulturellen Niedergang dieses angeblich besten Deutschlands aller Zeiten, daß von Literatur und Malerei des Neunzehnten Jahrhunderts

1 Lokal-Bericht, in Robert Gernhardt: *Reim und Zeit. Gedichte,* Stuttgart 2005.

nur noch Fragmente im Bewußtsein derjenigen vorhanden sind, die seit den siebziger Jahren massenhaft mit einer Bescheinigung über höhere Schulbildung beschenkt wurden. Nach vier Jahren polnischer und vier Jahren deutscher Volksschule kannte meine Mutter eine große Zahl von Gedichten auswendig, von Goethe bis Chamisso. Wie groß wird der Anteil deutscher Abiturienten sein, der das von sich behaupten kann und der über die Romantiker, über Grabbe, Hebbel, Otto Ludwig, Storm oder Raabe Substantielles zu sagen weiß? Wer liest sie noch, zumal wenn sie nicht in Neuer Rechtschreibung aufbereitet sind oder gar noch in Fraktur gedruckt sind? Die Erinnerung an Wilhelm Busch immerhin hat nicht zuletzt durch seine einprägsamen Versmaximen und seine Zeichnungen, die ihn zum Ahnherrn der Comic Strips machten, vor allem aber durch seine Präsenz als Geschenk an Kinder diese gesellschaftliche Demenzerkrankung bisher überstanden. In aller Welt lesen ihn diejenigen, die sich nicht mit billigem Gejammer oder ebenso billigem Gelächter zufrieden geben, sondern mit dem Humor des Vogels auf dem Leim aufrecht bleiben und ihre eigene Melodie in die Welt rufen.

ROLF STOLZ

Alle Vergleiche sind falsch. Die Pyramiden haben wenig gemein mit den gotischen Domen, die Maya-Tempel mit den Potalas Tibets. Und doch haben noch die bemühtesten Vergleiche ihren Charme und einen gewissen heuristischen oder doch zumindest pädagogischen Wert. Unter einem solchen Vorzeichen mag man es betrachten, wenn ich, über Wilhelm Busch schreibend, über ihn als singuläre Gestalt, sein Werk für sich genommen und von ihm her betrachtend, ihn dennoch in einem Zusammenhang, einer lockeren und von Ursachen-Wirkungs-Schemata abstrahierenden Reihe sehe mit anderen literarischen Heroen seines Jahrhunderts – etwa mit Tolstoi, Flaubert und Dickens. Auf dem weiten Feld der großen säkularen Gestalten, also derer, die ihr Jahrhundert prägen und über es hinausreichend sein Ende überdauern, ist jeder Größenvergleich, jedes Abmessen kleiner Fehler und größerer Unzulänglichkeiten die pure Beckmesserei. Ist Flaubert größer als Dickens und kleiner als Tolstoi? Vielleicht, vielleicht auch nicht – und, selbst wenn es so wäre, würde diese ebenso überflüssige wie inhaltsleere Zuweisung einer Rangordnung nicht im mindesten die Frage beantworten, was das Besondere, die Essenz ausmacht bei jedem von ihnen, die einzigartige unvergleichliche Leistung. Daher sollte man sich bescheiden mit der Erkenntnis, daß die Großen groß sind und allenfalls den Nachweis fordern, daß einer, der von den Nachgeborenen ihnen beigesellt wird, auf einem zentralen Gebiet des menschlichen Geistes Außerordentliches und Unverwechselbares geleistet hat. Gerade dies gilt aber in mehrfacher Hinsicht für Wilhelm Busch. Über alles historische Interesse hinaus, das dem Schilderer der Umbruchzeit zwischen Spätfeudalismus und aufsteigendem Kapitalismus gilt, über seine geradezu klassische Widerspiegelung deutscher Nationalcharakteristika hinaus ist Wilhelm Busch ein Humorist und Satiriker, der mit Rabelais und Swift bacchantisch tafelt und homerisch lacht. Er ist eben nicht der Kinderunterhalter, Moritatenreimer und Witzzeichner, als der er allzu lange mißverstanden worden ist. Vor allem aber ist er angesichts der gegenwärtigen Politikdarsteller – Absturz-Angela, Jubel-Jens, Pannen-Peter, Olaf OO … die Reihe ließe sich noch lange fortsetzen – bestürzend aktuell. Immer wieder begegnen uns in seinen Geschichten Vorläufer der gegenwärtigen Problemwölfe und Problemschafe.

Aktuelle Wechselfälle

Wie ein Kommentar zum Geschrei der Cancel-Culture-Barbaren und der von der Reformklippschule verbildeten FFF-Schulschwänzer wirkt sein nachgelassenes Gedicht *Modern* über die vergeblich wartenden Erben:

Hinweg mit diesen alten Herrn,
Sie sind zu nichts mehr nütz!
So rufen sie und nähmen gern
Das Erbe in Besitz.[2]

Was das zukünftige Schicksal dieser Leutchen anbetrifft, kann man nur mit dem Dichter hoffen:

Ein zu ungestümes Wollen
Wirft von selbst den Reiter ab.[3]

In jedem Falle hatte Busch seinen Vorausblick auf den heutigen Radikalveganismus:

---

2 *Sämtliche Werke,* Herausgegeben v. Otto Nöldeke, Bd. 6, München 1943, S. 359.

3 Ebd., S. 361.

... jeder nagt
Nach Art der Kannibalen,
Bis man dereinst Pfui Teufel! sagt
Zum Schinken aus Westfalen.[4]

Sein großes nachgelassenes Gedicht *Gründer* bezieht eindeutig Position zu all den Politikastern, die sich die Welt zurechtkleistern, aber an den Menschen und ihrem Unwesen scheitern:

Nur leider kann man sich nicht einen,
Wie man das Ding am besten mache.
Das Bauen mit belebten Steinen
Ist eine höchst verzwickte Sache.[5]

Der Dichter sieht, daß er einerseits lange viel zu bescheiden war, daher nun die Kritikusse zurückweisen und »erst mich selber« wertschätzen sollte.[6] Andererseits verabscheut er die »Rechthaber« und »Ritter von der eigenen Meinung«.[7] Er stellt sich auf die Gegenposition der »stillen Leute«, die sich von dem Gewühl voller Liebe, Hiebe, Haß und Klagen

4 *Sämtliche Werke*, Herausgegeben v. Otto Noldeke, Bd. 6, München 1943, S. 372 – 373.

5 Ebd., S. 373.

6 Ebd., S. 253 – 254.

7 Ebd., S. 381 – 382

abwenden und »auf der andern Seite sich eine Welt des Unterlassens« bauen. Es ist eine Gegenwelt, in der alles Belebte wichtig ist:

Mit allen Kreaturen bin ich
In schönster Seelenharmonie.
Wir sind verwandt, ich fühl es innig,
Und eben darum lieb ich sie.[8]

8 *Sämtliche Werke,* Herausgegeben v. Otto Nöldeke, Bd. 6, München 1943, S. 377.

Zeitkritik

Der Geburtstag oder Die Partikularisten aus dem Jahre 1873 beschreibt fröhlich den Untergang der Zwergstaatslenker und die Erbärmlichkeit der braven Bürger, denen der Bürgermeister namens Mumm predigt, der Obrigkeit untertan zu sein :

Man sieht zuerst mit Angstgefühlen
Herunterfallen von den Stühlen
Die angestammten Landesväter –
Sodann, als kühler Hochverräter,
Zieht man die Tabaksdos hervor,
Blickt sanft und seelenvoll empor …[9]

Gerade diese Bildergeschichte ist eine über den großen gleichmäßigen Strom des Schicksals und den unbeweglichen Sumpf der Spießbürgerlichkeit. Reflektiert wird über den ehernen Gang der Geschichte, der aus den gemütlich verkommenen Ländchen des alten Deutschlands das eine große Reich der beiden

9 *Werke. Historisch-kritische Gesamtausgabe,* Bde. I – IV, Bd. 2, Hamburg 1959, S. 382 – 388.

Wilhelme gemacht hat, über die lächerliche Opposition der Pfahlbürger dagegen, ihre Streitigkeiten, die bis zur Schlägerei reichen, und über die unausbleiblichen Versöhnungszeremonien am Alkohol-Altar im »Weißen Pferd« bei Mutter Köhm, der Wirtin mit dem sprechenden Namen, nämlich dem ihres wichtigsten Getränks, des Kümmelschnapses.

Erbarmungslos wird der Bürgermeister verspottet, wenn er seine brennende Nachtmütze im Nachttopf löschen muß. Erbarmungslos aber wird auch gezeigt, wie nach allerlei kleinen Abenteuern und Schicksalsschlägen sowie der unausbleiblichen allgemeinen Prügelei man immer wieder zur Tagesordnung übergeht und einkehrt bei Mutter Köhm:

Als man hierauf verwundersam
In einem Kreis zusammenkam,
Da hieß es: »Kommt na Mutter Köhmen,
Up düt da will wi Einen nöhmen!!«
Gesagt, getan! – Für Mutter Köhm
Ist dies natürlich angenehm.[10]

In *Dideldum* von 1874 nimmt Wilhelm Busch mehrfach Bezug auf Tagesaktualitäten, so auf den Kulturkampf und die Auseinandersetzungen mit den polnischen

10 *Werke. Historisch-kritische Gesamtausgabe,* Bde. I – IV, Bd. 2, Hamburg 1959, S. 394 – 410.

Chauvinisten in der preußischen Provinz Posen. Zugleich mokiert er sich aber in seinen drei Anleitungen zu historischen Porträts aus Strichzeichnungen oder Gemüsekonfigurationen auch über die Weltenlenker. Daß er kein Anhänger des Feudalismus und kein Monarchist war, sollte niemanden wundern. In *Schnurrdiburr oder die Bienen* von 1869 ironisiert er das Hofzeremoniell:

Ihre Majestät geruhten
Höchstselbst soeben aufzustehn.[11]

Erst recht verabscheut er die Drohnen, »gefräßig, dick und faul und dumm«.

Immerhin gratulierte der deutsche Kaiser zu seinem siebzigsten Geburtstag und der Dichter bedankte sich höflich.

11 *Werke. Historisch-kritische Gesamtausgabe,* Bde. I – IV, Bd. 2, Hamburg 1959, S. 6 – 11.

Der Dichter selbst

Wilhelm Busch brillierte nicht allein als Zeichner und Lyriker – er ist nicht zuletzt ein großartiger Prosa-Stilist in seinen Erzählungen und seinen autobiographischen Berichten *Was mich betrifft* (1886) und *Von mir über mich* (1893/94). Konturscharf, aber immer liebevoll und um Gerechtigkeit bemüht porträtiert er seine Eltern, Verwandten, Freunde und Bekannte – und damit zugleich sein dörfliches Herkunftsmilieu in einer Zeit, als noch vier Fünftel der Menschen auf dem Lande lebten. Meisterlich ist etwa seine früheste Erinnerung beschrieben:

»Was weiß ich denn noch aus meinem dritten Jahr? Knecht Heinrich macht schöne Flöten für mich und spielt selber auf der Maultrommel, und im Garten ist das Gras so hoch und die Erbsen sind noch höher; und hinter dem strohgedeckten Hause, neben dem Brunnen, stand ein Kübel voll Wasser, und ich sah mein Schwesterchen drin liegen, wie ein Bild unter Glas und Rahmen, und als die Mutter kam, war sie kaum noch ins Leben zu bringen. Heut (1886) wohne ich bei ihr.«[12]

12 *Werke. Historisch-kritische Gesamtausgabe,* Bde. I – IV, Bd. 4, Hamburg 1959, S. 147 – 152.

Als prägende Einflüsse seiner »frühsten Lektüre« beschreibt Busch »Gesangbuchverse, biblische Geschichten und eine Auswahl der Märchen von Andersen«. Später folgten freireligiöse Schriften und ein am Klavier »durchgeklimperter« Liederband, dann »die großen heimatlichen Dichter«, etwa die »herz- und sonnenwarme Prosa« des *Werther,* der »unverwelkliche Scherz« des Cervantes, Shakespeare, Dickens, die Bibel und Kants *Kritik der reinen Vernunft,* »wenn auch damals nur spärlich durchschaut«. 1848 erkämpft sich der Sechzehnjährige als »Märzerrungenschaften« die »bislang noch nicht geschätzten Rechte des Rauchens und des Biertrinkens« – beide werden ihn später einmal in Kalamitäten stürzen durch Nikotinvergiftungen und einen im Rausch verursachten Skandal bei seinem letzten München-Aufenthalt 1881. Daß er 1851 nach vier Jahren sein Maschinenbau-Studium in Hannover abbricht, nach einem knappen Jahr an der Düsseldorfer Kunstakademie nach Antwerpen an die Königliche Kunstakademie geht, ein Jahr später durch eine Typhus-Erkrankung zur Rückkehr ins Elternhaus gezwungen ist, um nach seiner Genesung anderthalb Jahre später in München sein Kunststudium fortzusetzen, zeigt die Umbrüche eines Lebens, das erst in seinen Dreißigern kontinuierlicher verläuft – mit längeren Aufenthalten bei seinem Bruder in Frankfurt am Main im Hause des Bankiers Keßler, wo er sich von 1869 bis 1872 sogar ein Atelier einrichtet, und in

München. Dort hat er ab 1877 ein Atelier. Im gleichen Jahr unterbricht er für dreizehn Jahre die Verbindung mit Johanna Keßler, der Ehefrau des Bankiers. 1881 ist sein letzter, unglücklich verlaufener Aufenthalt in der bayrischen Hauptstadt.

In Antwerpen lernt er 1852 die alten Niederländer kennen, vor allem Rubens, Brouwer, Teniers und Frans Hals, deren »göttliche Leichtigkeit der Darstellung« und ihre »Unbefangenheit eines guten Gewissens, welches nichts zu vertuschen braucht« ihn anspornen, aber auch ihn »zu sehr geduckt haben, als daß ich's je recht gewagt hätte, mein Brot mit Malen zu verdienen«. Die von seinem Onkel angeregte Beschäftigung mit der Bienenkunde bringt ihn zur Lektüre Darwins. Später liest er »mit Leidenschaft und Ausdauer« Schopenhauer, aber die Begeisterung für den Naturwissenschaftler wie für den Philosophen hat, wie er schreibt, »etwas nachgelassen«: »Ihre Schlüssel passen ja zu vielen Türen in dem verwunschenen Schloß dieser Welt; aber kein »hiesiger« Schlüssel, so scheint's, und wär's der Asketenschlüssel, paßt je zur Ausgangstür.«

Seine Bildergeschichten sieht er selbst als Ergebnis einer »sorglos in Holzschuhen tanzenden Muse«, die dem »würdigen Zuschauer« schon einmal auf die Zehen tritt, kein »auffällig tugendsames Frauenzimmer« ist und die Ästhetiker irritiert. »Gut schien mir oft der

Trochäus für biederes Reden; stets praktisch der Holzschnittstrich für stilvoll heitre Gestalten. So ein Konturwesen macht sich leicht frei von dem Gesetze der Schwere und kann, besonders wenn es nicht schön ist, viel aushalten, eh' es uns weh tut. Man sieht die Sach an und schwebt derweil in behaglichem Selbstgefühl über den Leiden der Welt, ja über dem Künstler, der gar so naiv ist.«[13] Diese Selbsteinschätzung relativiert jene im Brief an Heinrich Richter vom 6. Oktober 1863, in der Busch erklärt: »Ich betrachte meine Sachen als das was sie sind, als Nürnberger Tand, als Schnurrpfeifereien, deren Wert nicht in ihrem künstlerischen Gehalt, sondern in der Nachfrage des Publikums zu suchen ist. «

Wilhelm Busch konzediert, man halte ihn »ein wenig mit Recht« für einen »Absonderling«, der für die Gesellschaft »nicht genugsam dressiert« ist. Im »Gedrängel des gegenwärtigen Augenblicks« hält er sich an das »liebe, trauliche, teilweis grauliche, aber durchaus putzwunderliche Polterkämmerchen der Erinnerung, voll scheinbar welken, abgelebten Zeugs; das dennoch weiter wirkt, drückt, zwickt, erfreut; oft ganz, wie's ihm beliebt, nicht uns; das sitzen bleibt, obwohl nicht eingeladen; das sich empfiehlt, wenn wir es

13 *Werke. Historisch-kritische Gesamtausgabe,* Bde. I – IV, Bd. 4, Hamburg 1959, S. 205 – 212.

halten möchten. Ein Kämmerchen, in Fächer eingeteilt, mit weißen, roten Türen, ja selbst mit schwarzen, wo die alten Dummheiten hinter sitzen.«[14] Aber er romantisiert nicht das, was war: »Es ist noch die gute alte Zeit, wo man den kranken Handwerksburschen über die Dorfgrenze schiebt und sanft in den Chausseegraben legt, damit er ungeniert sterben kann; obschon der unbemittelte Tote immerhin noch einen positiven Wert hat; unter anderm für den Fuhrmann, der ihn zur Anatomie bringt.«

Bei den schwarzen Türchen der Erinnerung deutet der Dichter nur an, was sich für ihn an Nerven- und Lebenskrisen dahinter verbirgt: »Es kommt die stille, einsame, dunkle Nacht. Da geht's um in der Gehirnkapsel und spukt durch alle Gebeine, und du wirfst dich von dem heißen Zipfel deines Kopfkissens auf den kalten und her und hin, bis dir der Lärm des aufdämmernden Morgens wie ein musikalischer Genuß erscheint.« Nur angedeutet werden die Liebesaffären: »Aber ich, Madam! und Sie Madam; und der Herr Gemahl, der abends noch Hummer ißt, man mag sagen, was man will. – Doch nur nicht ängstlich. Die bösen Menschen brauchen nicht gleich alles zu wissen.« Sein *Von mir über mich,* dessen letzte Fassung von 1894 stammt, endet versöhnlich: »So stehe ich denn tief unten an der

14 *Werke. Historisch-kritische Gesamtausgabe,* Bde. I – IV, Bd. 4, Hamburg 1959, S. 152 – 157.

Schattenseite des Berges. Aber ich bin nicht grämlich geworden; sondern wohlgemut, halb schmunzelnd, halb gerührt, höre ich das fröhliche Lachen von anderseits her, wo die Jugend im Sonnenschein nachrückt und hoffnungsfreudig nach oben strebt.«[15]

15 *Werke. Historisch-kritische Gesamtausgabe,* Bde. I – IV, Bd. 4, Hamburg 1959, S. 205-212.

Zentrale Antriebe

An die erste Stelle gehört das Leitmotiv der EINSAMKEIT – auch deshalb, weil dieser Autor ein Einsamer war, einer, der für sich und gegen fast alle stand – darin in seiner Zeit nur mit Schopenhauer und Nietzsche vergleichbar. Er hatte seine wenigen dauerhaften Jugend- und Seelenfreunde, die überschaubare Zahl seiner Gesprächs- und Briefpartner, aber es waren fast ausschließlich Bezugspersonen jenseits des literarischen Betriebs, jenseits der Zirkel, Schulen und Seilschaften, in denen jeder jedermanns Feind ist und gleichzeitig jede Hand eine andere reinwäscht. Ironisch und tiefernst schreibt er:

Wer einsam ist, der hat es gut,
Weil keiner da, der ihm was tut.
Ihn stört in seinem Lustrevier
Kein Tier, kein Mensch und kein Klavier,
Und niemand gibt ihm weise Lehren,
Die gut gemeint und bös zu hören.[16]

---

16 *Sämtliche Werke,* Herausgegeben v. Otto Nöldeke, Bd. 6, München 1943, S. 339 – 340.

Andererseits ist diese Einsamkeit keine Idylle und in vielem nicht selbstgewählt. Das »öde Reich der Allvergessenheit«[17] verfolgt den einsamen Grübler selbst in jenen Momenten, wo er sich als junger Mann rauschhaft in das Amüsement gestürzt hat. Denn kaum jemand war zum Vermittlergewerbe, zur Werbung in eigener und fremder Sache, zu diplomatischem Gerede und propagandistischem Gelärme weniger geeignet als er. Aber wichtiger als dieser persönliche Charakterzug ist jene Grundstruktur seines Werkes, bei größter und großartiger Volkstümlichkeit die wesentlichen Dinge zu verhüllen, sie zwischen den Zeilen und jenseits der Wortwörtlichkeit auszusprechen. Das richtet sich an die wenigen, die weiterdenken über den oft brutal einfachen Text hinaus, um die Faktenebene der Geschichten und die Bildoberfläche zu transzendieren. Die lächerlichen Helden wie Balduin Bählamm und der Maler Klecksel sind komplexe Gestalten: Die elementare Tragik des Menschseins, die in der Künstlerexistenz in die Absurdität des Sisyphus gesteigert ist, verschmilzt in einem Amalgam mit der Dummheit und Rohheit des ewigen Kleinbürgers. Auch der ist hoffnungslos einsam. Auch er ist wie der im »wunderbaren Bild von Brouwer« an einer Schwäre operierte Unbekannte seinem eigenen Schmerz und den kalten

17 *Sämtliche Werke,* Herausgegeben v. Otto Nöldeke, Bd. 6, München 1943, S. 255.

Blicken fremder Zuschauer unterworfen.[18] Selbst die Freundschaften halten oft nicht, erst recht nicht, wenn der Kuß des Mädchens mehr zählt, als dem Freund die Treue zu bewahren (*Die Freunde*[19]).

Eine zweite durchgängige Ader im Werk Wilhelm Buschs ist die Rolle der GEWALT. Als Absicht, implizit drohende Ankündigung, spielerisch einschüchternde Demonstration beginnend, mündet sie am Ende in Vernichtung – zur Not wie für die *Fliege* unter Klatsche und Fuß des Herrn Inspektors.[20] Der Turner Hoppenstedt in *Der Triumph der Kraft,*[21] der vor lauter Gewichtestemmen und Kraftmeierei durch die Decke bricht und in eine spießige Frühstücksidylle hinabstürzt, gehört ebenso in einen solchen Bedeutungszusammenhang wie die kindlich-frühreifen Attentäter Max und Moritz, die mit dem Lehrer Lämpel (*nomen est omen* – auch er ein Lichtlein der Aufklärung und ihres Jahrhunderts des Lichts und der Erleuchtung) eine ganze Erziehungs- und Bildungswelt wegsprengen.

18 *Sämtliche Werke,* Herausgegeben v. Otto Nöldeke, Bd. 6, München 1943, S. 261.

19 Ebd., S. 307 – 308.

20 *Werke. Historisch-kritische Gesamtausgabe,* Bde. I – IV, Bd. 1, Hamburg 1959, S. 113 – 121.

21 *Werke. Historisch-kritische Gesamtausgabe,* Bde. I – IV, Bd. 2, Hamburg 1959, S. 170 – 176.

Die beiden Lernverweigerer sind in jener Linie zu sehen, die mit dem Geschrei »We don't need no education« zu Boko Haram und blanker Barbarei führt.

Daß die Geschichte Gewalt und Wahn vereint, wußte niemand besser als Wilhelm Busch, der in *Das Napoleonspiel* die Geschichte des Deutsch-Französischen Krieges von 1870 / 71 auf die kurze und weltweit gültige Formel bringt, ein kindisches Spiel mit Soldaten und Waffen zu sein, dessen fatales Ende so sicher kommt wie der Kehrreim »Eins zwei drei – ich zähl herum, der Louis ist Napolium.« Wenn auch der kleine Louis das üble Spiel nie wieder spielen will, so wußte Wilhelm Busch nur zu gut, daß diese Lehren durch eigene Erfahrung in der Regel nur bei wenigen dauerhaft wirksam sind. Wie kritisch Busch dem Militarismus und militaristischer Propaganda gegenüberstand, wird etwa deutlich an seiner Zeichnung *Courage-Röcke,* in der ein Schneider Helfauf »Soldatenröcke neuester Art« anpreist, diese seien »so knapp gemacht, daß die Soldaten, die darinstecken, sich auf Kugeln und auf Säbelhiebe freuen, um nur Luft zu bekommen, und daher unerschrocken der Gefahr entgegengehen.«[22]

Ein dritter roter Faden im Werk des Wilhelm Busch ist sein INFRAGESTELLEN UND LÄCHERLICHMACHEN

22 *Werke. Historisch-kritische Gesamtausgabe,* Bde. I – IV, Bd. 1, Hamburg 1959, S. 102.

DER AUTORITÄTEN. Der »pflichtgetreue Förster« macht Meldung über ein Liebespaar, das seinen Namen in eine Baumrinde schnitt.[23] In der Parabel *Der Renommist* aus dem Nachlaß wird der renommierende alte Reiterstiefel als Symbol für Reaktion und Militarismus von einem strammen Reiserbesen auf den Misthaufen hinausgeworfen, denn:

Was schert es uns, was du gewesen;
Wir sehen, was du bist! –[24]

Geradezu antiautoritär heißt es über den Jäger Stakelmann:

Fürwahr! er hätte ihn getroffen,
Wär' nur der Bär nicht fortgeloffen.[25]

Überhaupt ist die Sympathie des Dichters beim Gejagten und nicht beim Jäger. So sind es die frechen Mäuse und nicht der »böse Kater«, die in *Katze und Maus*

23 *Sämtliche Werke,* Herausgegeben v. Otto Nöldeke, Bd. 6, München 1943, S. 356 – 357.

24 Ebd., S. 355 – 356.

25 *Werke. Historisch-kritische Gesamtausgabe,* Bde. I – IV, Bd. 2, Hamburg 1959, S. 33 – 41.

am Ende triumphieren.[26] Die beiden Enten, die den Frosch fressen wollen, kommen dadurch dem Koch unters Messer.[27] Aber auch hier bilden in seinem Gedichtband *Kritik des Herzens* schöne, zum Teil von ernster Trauer geprägte Liebesgedichte einen Kontrapunkt. Am Schluß des letzten Gedichtes steht die Bitte an die verstorbene Geliebte:

Und scheint mein Wort dir gar zu kühn,
Nicht gut mein Tun,
Du hast mir einst so oft verziehn,
Verzeih auch nun.[28]

Ein vierter Strang ist die Rolle des ABSURDEN als prägender Kraft einer Welt, die viel von Sinn und Ordnung reden läßt, aber genau das als Rauchvorhang benutzt, hinter dem sich die Abgründe so herrlich verbergen lassen. So fragt der Dichter: »Wird manchem die Lösung der wichtigsten politischen Fragen heutzutage nicht ebenso unmöglich sein, als dem Peter von Simpelhausen das Aufheben seines Koffers,

---

26 *Werke. Historisch-kritische Gesamtausgabe,* Bde. I – IV, Bd. 1, Hamburg 1959, S. 304 – 316.

27 Ebd., S. 103 – 109.

28 *Sämtliche Werke,* Herausgegeben v. Otto Nöldeke, Bd. 6, München 1943, S. 273.

solange er droben sitzt?«[29] Es geht um die Zerrissenheit des modernen Menschen, der in sich selbst seinen Halt sucht. Er ist konfrontiert mit den »Zauberschwestern« einerseits der himmelblauen Fröhlichkeit und andererseits der grauen, in den Selbstmord treibenden Verzweiflung.[30] Jahrzehnte später, 1917, schreibt der Philosoph und Soziologe Georg Simmel dazu:

»Es geht durch die ganze Neuzeit: das Individuum sucht nach sich selber, als ob es sich noch nicht hätte, und ist doch sicher, an seinem Ich den einzig festen Punkt zu haben«.[31] »Diese Einzigartigkeit und Unvergleichbarkeit der je eigenen Individualität ein Leben lang zu entwickeln, zu pflegen und zu verwirklichen, wird das wichtigste Anliegen eines jeden Menschen. Denn es gilt, sein eigenes, nur ihm eigenes Urbild zu verwirklichen.«[32]

Eine fünfte zentrale Komponente im Werk Wilhelm Buschs ist DIE BEDEUTUNG DES VOLKSTÜMLICHEN,

29 *Werke. Historisch-kritische Gesamtausgabe,* Bde. I – IV, Bd. 1, Hamburg 1959, S. 96.

30 *Sämtliche Werke,* Herausgegeben v. Otto Nöldeke, Bd. 6, München 1943, S. 283.

31 Georg Simmel, »Grundfragen der Soziologie. Individuum und Gesellschaft«. Gesamtausgabe. Bd. 16. Frankfurt a. M. 1999, S. 59-150, hier S. 143.

32 Ebd. S. 146.

DES ELEMENTAREN, DES DEN INSTINKTIVEN GEFÜHLEN UND NATURHAFTEN REAKTIONEN NAHEN. Dieser schwierige, eigensinnige und durchaus eigenbrötlerische Dichter verbindet sich zugleich mit den Menschen, der vielbeschworenen gesellschaftlichen Basis. Ging einst die Klassik, die auf den vorrevolutionären vulkanischen Ausbruch des Sturm und Drang mit seinem Taumel zwischen Aufstand, Wahnsinn und Selbstmord antwortete mit einer Rückkehr in regelhafte Schönheit, dazu zurück in die Antike und hinaus in eine griechisch-orientalisch-italienische Idealwelt, so stellte ihr mit dem Beginn des Jahrhunderts die Frühromantik eine geistige Alternative entgegen. Dem Eigenen gegenüber dem Fremden, dem auf den Straßen Erzählten und Gesungenen gegenüber dem künstlich Elaborierten, dem christlichen Mittelalter gegenüber der heidnischen griechisch-römischen Kultur wurde von den Romantikern der Vorrang eingeräumt. In dieser Hinsicht steht der völlig zu Recht so volkstümliche Dichter Wilhelm Busch trotz seiner Prägung durch den Realismus und etlicher über diesen hinausweisender, geradezu experimentell-avantgardistischer Versuche auch in einer Linie zur Romantik. *Ut ôler welt,* seit 1853 in und um Wiedensahl gesammelt, aber erst 1910 und damit zwei Jahre nach seinem Tod erschienen, ist, wie es im Untertitel heißt, eine Sammlung von »Volksmärchen, Sagen, Volksliedern und Reimen«. Einzelne der Volkslieder sind geringfügig abgewandelt ebenfalls in Arnim und Brentanos zwischen 1805 und 1808 erschienener Volksliedersammlung *Des Knaben Wunderhorn* zu finden, einem der großartigsten und zentralsten Werke der deutschen Literatur, anderes steht für sich. Zum Teil entsprechen nur ein oder zwei Zeilen dem im *Wunderhorn* Zusammengetragenen wie bei »Es waren drei Soldaten ...«,[33] zum Teil sind Grundzüge des Erzählten ähnlich wie bei »Es waren einst zwei Bauersöhne...«.[34] Auch Buschs Kinderreime und Kinderrätsel sind alte Überlieferungen oder kommen diesen doch sehr nahe.

In Wilhelm Buschs Märchen und Sagen sind viele Elemente enthalten, die auf Erzähltes zurückgehen, das er seit seiner Kindheit den Leuten auf dem Dorf abgelauscht hat. Man spürt, daß dieser Dichter sich hineindenken konnte in den überlieferten Aberglauben und seine magischen Praktiken. Mehrfach wird die Härte der alten Zeiten in all ihrer Wildheit deutlich, etwa wenn der Reiter die von ihm entführte Prinzessin kurzerhand an einem Baum aufknüpft, weil sie ihrer verpaßten Karriere als Gattin eines Kaisers nachtrauert.[35] Da hat der Verfasser in der Tat nicht vorbeugend an all die heutigen Sensibelchen und Feministelnden

33 *Ut ôler Welt.* München 1910, S. 145 – 147.

34 Ebd., S. 153 – 154.

35 Ebd., S. 147 – 148.

gedacht, die sich durch solche schlimmen Aktionen verletzt fühlen und nach dem Zensor rufen! Mehr noch: Der bösen und faulen Stiefschwester wird von der reichen alten Frau der Kopf abgehackt,[36] der Dumme wird als solcher bezeichnet und nicht etwa korrekt verlogen als »lernbehindert«. Aber es gibt auch Lichtes – so folgt nach den dunklen Zeiten, in denen die Schwarze Prinzessin als Tochter der Königin und des Teufels die ermordet, die sie nicht erlösen können, ein märchenhaftes gutes Ende.[37] Die böse Stiefmutter-Hexe bekommt ihre verdiente Todesstrafe[38] und der verräterische Kapitän, der vortäuscht, Retter der Königstochter zu sein, wird von vier Ochsen zerrissen.[39] Andererseits kriegen die Liebenden sich und der *Sohn des Todtengräbers* wird verdientermaßen zum König von Spanien.[40]

Bei aller Märchenhaftigkeit und allen romantisch-feudalen Reminiszenzen, man spürt an vielen Stellen, daß hier einer erzählt, der das Leben der einfachen Leute in allen seinen Facetten kennt und diese Realität als Realist betrachtet. Die durch die Ungnade der späten Geburt um die Hochblüte der Romantik gebrachte

36 *Ut ôler Welt.* München 1910, S. 16 – 18.

37 Ebd., S. 9 – 11.

38 Ebd., S. 23 – 25.

39 Ebd., S. 47 – 52.

40 Ebd., S. 38 – 40.

Generation der Ludwig Richter und Ludwig Bechstein, vor schwierigen Zeiten ins Biedermeierliche flüchtend, unterscheidet sich in Illustration und Wortgestaltung sehr deutlich von dem wiederum Jahrzehnte nach ihnen antretenden Wilhelm Busch, der die tatsächlichen Lebensprobleme erlebt hat und sich ihnen mit Empathie zuwendet.

Opfer und Beziehungen

Über die armen Opfer darf und muß gelacht werden, selbst für sie gibt es keine Schonzeit und kein Reservat jenseits der Lächerlichkeit. Ausgelacht werden alle – auch und erst recht die Hohepriester der hohen Künste, die Verkünder reiner Ideale und angeblich ewiger Wahrheiten. Der volltrunkene »Mensch namens Meier« in *Der Undankbare*[41] und der hilfreiche Herr, der ihm aufhelfen will und für seine Freundlichkeit übel abgestraft wird, sind in gleichem Maße komplett für sich wie die anderen Autisten und Selbstdarsteller, die die Bildgeschichten bevölkern. Dem »Menschen Meier« dreht sich in seinem Rausch die Welt, bis sie in einer abstrakten Spirale zusammenstürzt. Dem gutmütigen »Herrn mit gutem Herzen« und »voller Mitleid und Erbarmen« wird vom undankbaren hilfebedürftigen Wohltatenempfänger der Hut so nachdrücklich auf den Kopf gepreßt, daß er im Dunkeln steht und sich fragen muß,

> *wie das geschehen,*
> *Und warum ihm das geschah.*

---

41 *Werke. Historisch-kritische Gesamtausgabe,* Bde. I – IV, Bd. 2, Hamburg 1959, S. 218 – 229.

Beide haben – der eine zwangsweise, der andere freiwillig – die kleine geordnete Welt des normalen Alltags verlassen, sprich das Wirtshaus, dieses Reich des banalen Miteinanders, des gedankenlosen Austausches der Gedankenlosigkeiten, und schon stehen sie zwei Schritte weiter »vor des Hauses Tor« in einem leeren schwarzen Alptraum-Raum der buchstäblichen Beziehungs- und Aussichtslosigkeit. »Jeder ist allein« – Hermann Hesses lyrisch versüßter Merksatz gewinnt bei Wilhelm Busch eine konsequente, eisern durchgehaltene Plastizität. Nicht allein Max und Moritz, diese elternlosen Frei- und Quälgeister und all ihre Kontrahenten (besonders ihre Vernichter, der Bäkker und der Müller) sind solche Monaden, sondern auch Gestalten wie Tobias Knopp, dem seine Ausfahrt selbst die liebevoll gehegten Illusionen über bessere alte Zeiten und gute alte Freunde zerstört. Diese Reihe läßt sich lange fortsetzen – sie umfaßt ebenfalls die tierischen Helden wie Fips, den Affen, und den Unglücksraben Hans Huckebein. Zugespitzt ist diese Finalität in *Max und Moritz,* 1865 erschienen, wo nach Liquidierung der Störer allgemeine Zufriedenheit herrscht. Es trauern hier nur die, die wie die Witwe Bolte durch den Tod ihrer Hühner sich in ihrem materiellen Besitz geschädigt fühlen und zwar um ebendiesen. Allenfalls die Kinder trauern ohne Gewinn-Verlust-Kalkulation um ein so nutzloses und nichtsnutziges Wesen wie den Affen Fips. Und doch sagt Busch in *Summa Summarum,* einem Gedicht gegen Ende von *Dideldum!:*

Demnach hast du dich vergebens
Meistenteils herumgetrieben;
Denn die Summe unsres Lebens
Sind die Stunden, wo wir lieben.

Gerade deshalb schreibt dieser oft so ironisch-böse Autor als Kontrastprogramm zarte Liebesgedichte, wie etwa *Im Herbst.*[42] Im Rückblick beklagt er die Stunden, die er vergrimmt und vergrollt hat, und daß er »kühl von ferne« stand, »unbewegt, wie angekettet«, als Frauenarme ihn nur zu gern »warm gebettet« hätten.[43] Andererseits finden sich auch immer wieder Klagen über Frauen, die ihre Liebhaber verschmähen, und das wohl nicht ohne Bezug zu eigenen Erlebnissen:

Aber ach! Aus deinen Blicken
Wird ein Strahl herniederwettern,
Mich zerdrücken und zerknicken
Und zu Knochenmehl zerschmettern.[44]

---

42 *Sämtliche Werke,* Herausgegeben v. Otto Nöldeke, Bd. 6, München 1943, S. 316.

43 *Werke. Historisch-kritische Gesamtausgabe,* Bde. I – IV, Bd. 2, Hamburg 1959, S. 489 – 490.

44 *Werke. Historisch-kritische Gesamtausgabe,* Bde. I – IV, Bd. 1, Hamburg 1959, S. 96 – 99.

Das Fazit im *Schlußchor* von *Dideldum!* ist jedenfalls durchaus epikuräisch:

Was mit dieser Welt gemeint,
Scheint mir keine Frage.
Alle sind wir hier vereint
Froh beim Festgelage.[45]

Oder, an anderer Stelle:

Laßt uns lieben, singen, trinken,
Und wir pfeifen auf die Zeit;
Selbst ein leises Augenwinken
Zuckt durch alle Ewigkeit.[46]

Ganz entschieden weist er die angebliche Tugend jener »Ungeliebten« zurück, die als »altes Jammerinstrument … keinem sein Vergnügen gönnt.«[47] Auch der, der nach der Devise lebt »Ich bin für mich und

45 *Werke. Historisch-kritische Gesamtausgabe,* Bde. I – IV, Bd. 2, Hamburg 1959, S. 490 – 493.

46 *Sämtliche Werke,* Herausgegeben v. Otto Nöldeke, Bd. 6, München 1943, S. 272 – 273.

47 Ebd., S. 316 – 317.

lache nie«, wird in dem Gedicht *Der Philosoph*[48] ebenso wie der der Welt entsagende Asket[49] verspottet.

Leben und Lebenlassen ist eine der Maximen dieses Dichters, die er so ausdrückt:

Keine Zunge soll verhöhnen,
Was der andern Zunge schmeckt«.[50]

Andererseits, bei aller Festlichkeit, die festgefügten egoistischen Wünsche der Menschen kommen doch immer wieder ins Spiel. Was bei Stefan Zweig in *Ungeduld des Herzens* (1913) zur Tragödie wird, wird in der *Zweiten Liebe der Liebesgeschichten des Jeremias Pechvogel* zum Grund für die Enttäuschung des Helden:

Viel Liebes und viel Schönes schrieb sie mir
Auf goldumsäumtem Rosapostpapier.

Doch eins – dies eine sollte uns entzwei'n,
Eins schrieb sie nicht. – Sie hatt' ein kurzes Bein.«[51]

48 *Sämtliche Werke,* Herausgegeben v. Otto Nöldeke, Bd. 6, München 1943, S. 317 – 318

49 Ebd., S. 321 – 322.

50 Ebd., S. 277.

51 *Werke. Historisch-kritische Gesamtausgabe,* Bde. I – IV, Bd. 1, Hamburg 1959, S. 42 – 43.

Das Bild des Menschen

Unter die Zeichnung des teils freundlich lächelnden, teils unfreundlich kreischenden Säuglings Julchen Knopp (vom sich einen Stammhalter wünschenden Vater anfangs »etwas säuerlich« begrüßt) setzt Wilhelm Busch Verse, die bei allem fröhlichen Sprachspiel eine tiefernste Botschaft über Dasein und Sosein des Menschen enthalten:

Sein Prinzip ist überhaupt:
Was beliebt ist auch erlaubt;
Denn der Mensch als Kreatur
Hat von Rücksicht keine Spur.«[52]

Selbstbild und Wirklichkeit des Menschen klaffen auseinander. Der Frosch, der in *Fink und Frosch* wie ein Vogel vom Baum hinabfliegen will, hat nach seinem Absturz nicht etwa dazugelernt, sondern wird wie so mancher Mensch eines der berühmten »neuen Narrative« erfinden, um an der Legende seines Erfolges zu stricken. Wilhelm Busch verhöhnt ihn folgendermaßen:

52 *Werke. Historisch-kritische Gesamtausgabe,* Bde. I – IV, Bd. 2, Hamburg 1959, S. 149 – 155.

Er fiel zum Glück auf seinen Magen,
Den dicken, weichen Futtersack,
Sonst hätt er sicher sich verletzt.
Heil ihm! Er hat es durchgesetzt.[53]

Alles steht unter dem Vorbehalt einer Herrschaft des »Als ob«. Der »alte Junge« etwa ist »noch immer äußerst rührig«:

Er läßt nicht nach, er tut als ob,
Wenn schon die Sache schwierig.

Also macht er weiterhin Eindruck bei den Damen als »rechter böser Schliefel« (nebenbei: ein urbairischer Ausdruck in Erinnerung an des Dichters Münchner Zeit), aber abends allein setzt er dann im Bett seine Zipfelkappe auf »und muß ganz schrecklich husten.«[54] Auch als Lebenslauf vollzieht sich diese Wandlung: vom lockigen amourösen Jüngling zum alten Frömmler mit »verprömmeltem Herz«.[55] Ganz fatal lächerlich treiben es dabei für den Dichter jene Künstler, deren »Konkurrenzgetriebe« als echte Machos zuallererst dem Zweck dient, jene Frauen zu beeindrucken, die

53 *Sämtliche Werke,* Herausgegeben v. Otto Nöldeke, Bd. 6, München 1943, S. 291–292.

54 Ebd., S. 262.

55 Ebd., S. 267.

man gerne bekommen möchte.[56] Andererseits weiß er sehr genau, unter welchen Bedingungen die Kunst schon vor ihrer Geburt behindert und erstickt wird: »Dem Biedermanne wachsen keine Flügel.«[57] Der Rausch und der Ausbruch aus den Regeln sind letzten Endes nötig, um Schöpferisches schaffen zu können.

Aber jenseits einer schon bald drohenden Grenze beginnt wiederum eine die Kunst zerstörende tierische Verrohung. In der Tat ist die Kunst eine endlos lange Wanderung auf dem schmalen Grat zwischen Verspießern und Verkommen, zwischen zwei Variationen des Minus-Menschen. In einem Gedicht empören sich zwei Weintrinker über Darwins Evolutionstheorie, sie sei »wider die menschliche Ehre«. Am Ende kehren sie berauscht heim und es heißt

> *Sie grunzten vernehmlich und kamen zu Haus*
> *Gekrochen auf allen vieren.*[58]

Für Wilhelm Busch ist dabei eine Sichtweise wie die des jungen Gottfried Benn in der Art von »Die Krone der Schöpfung, das Schwein, der Mensch« (in *Der Arzt II*) nicht allzu fernliegend. Seinem Jungen, der ihn

56 *Sämtliche Werke,* Herausgegeben v. Otto Nöldeke, Bd. 6, München 1943, S. 267.

57 Ebd., S. 255 – 256.

58 Ebd., S. 258-259.

fragt, ob die Affen denn »auch Leute« seien, präsentiert der Bauer bei Wilhelm Busch folgende Einsicht: »Nicht ganz, doch so beinah.«[59]

Wilhelm Busch gehört in jene Generation, die auf die Altvorderen der philosophischen wie der literarischen Klassik und Romantik – Kant, Fichte, Hegel, Schleiermacher einerseits und Schiller, Goethe und die Romantiker andererseits – folgt. Sie ist geprägt durch die Heraufkunft des Nihilismus und des generalisierten Zweifels. Nur in der ironisch-humoristischen Fiktion des »Wie schad, daß ich kein Pfaffe bin« entgeht der Dichter den Zwängen des Denkens und Zerdenkens. »Des Grübelns Qual, der dumme Seelenzwist« berührt eben nicht einen Geistlichen, der »ein für allemal« weiß, »was an der Sache ist.«[60] Aber der Dichter ist eben kein Pfaffe, er muß denken und dabei feststellen, daß dieser Prozeß angesichts der Beschränktheit des Menschen ein unablässiger und unabschließbarer ist:

> *Hinter jedem neuen Hügel*
> *Dehnt sich die Unendlichkeit.«*[61]

---

59 *Sämtliche Werke,* Herausgegeben v. Otto Nöldeke, Bd. 6, München 1943, S. 282.

60 Ebd., S. 268.

61 Ebd., S. 275 – 277

Gut und Böse

In der Tat empfinden viele Menschen wie das lyrische Ich Wilhelm Buschens, daß es ihnen am wohlsten ist, wenn sie mit der Tugend fertig sind und sie sich einem Pläsier machenden Laster zuwenden können[62].

Das Gute – dieser Satz steht fest –
ist stets das Böse, was man läßt[63]

heißt es 1872 in *Die fromme Helene*. Das Gute ist nicht an sich vorhanden, so wenig wie das Böse – beides ist nur gegeben, wenn der Gegenspieler zeitweilig ausfällt. Ausgesprochen scharf und pessimistisch konstatiert der Dichter:

Wie schad, o Mensch, daß dir das Gute
Im Grunde so zuwider ist.[64]

62 *Sämtliche Werke,* Herausgegeben v. Otto Nöldeke, Bd. 6, München 1943, S. 259.

63 *Werke. Historisch-kritische Gesamtausgabe,* Bde. I – IV, Bd. 2, Hamburg 1959, S. 292 – 295.

64 *Sämtliche Werke,* Herausgegeben v. Otto Nöldeke, Bd. 6, München 1943, S. 299.

Der Mensch bewegt sich in einer Welt des totalen Scheiterns:

Was geschah, es wird geschehn.
Ewig an des Lebens Küsten
Wirst du scheiternd untergehn.[65]

In einem »Reich geborner Flegel« hindern nur Stock, Rute und andere Züchtigungsmittel den Menschen daran, sein wahres Wesen zu zeigen. Der »gütige Wanderer«, der einen Dieb vom Galgen abknöpft, um ihn zu begraben, wird prompt ausgeraubt, als der Scheintote ins Leben zurückkehrt.[66] Das menschliche Gehirn dient zwar grundsätzlich zum »Denken und Erwägen«, aber mit ihm hat auch der Dieb seine »Diebslaterne«.[67] Auch die Reue richtet sich, vor allem bei den »alten Knastern«, primär auf versäumte Gelegenheiten zum Laster, denn von der Tugend gilt nun einmal: »Im ganzen läßt sie etwas kalt.«[68]

Was ist, in all seiner Unbegreiflichkeit, DAS BÖSE? Für Wilhelm Busch, der ein ebenso klarer wie tiefgründiger philosophischer Kopf war, offenkundig

65 *Sämtliche Werke*, Herausgegeben v. Otto Nöldeke, Bd. 6, München 1943, S. 349–350.

66 Ebd., S. 301–302.

67 Ebd., S. 302–303.

68 Ebd., S. 303.

etwas, mit dem der Mensch – ob nun positiv oder negativ - notwendig verbunden und konfrontiert ist. Wir können gerade noch versuchen, JA oder NEIN zum Bösen zu sagen, es zu inhalieren und zu imitieren oder von ihm absehend es zu lassen, wie und wo es ist – wegdiskutieren, wegschweigen, verbannen können wir es nicht aus der Welt, die zeitweilig unsere ist, ohne uns auch nur einen Augenblick zu gehören. Für den Affen Fips gilt: »Bosheit ist sein Lieblingsfach«.[69] Gleichzeitig ist er bestrebt, als raffinierter Schurke »abgefeimte Seelenruh«[70] zu demonstrieren.

Als Essenz, als geistige Wirklichkeit und Wesenheit, steht das Böse den materiell existierenden Wesen gegenüber. Es dringt partiell in sie ein, es durchdringt sie und bleibt doch außen autonom für sich. Zu einer Essenz kann man sich *eben so oder auch anders* verhalten, aber man kann sie niemals vereinnahmen und bestimmen. Das bedeutet aber auch: Man kann weder ganz böse noch ganz gut werden, und man sollte beides gar nicht erst versuchen, wenn man sich persönliche Tragödien ersparen will. Denen, die sich eine handgreifliche Gutheit erwünschen und erträumen, um sie als ihren ureigenen Besitz zu benutzen und zu verwalten,

69 *Werke. Historisch-kritische Gesamtausgabe,* Bde. I – IV, Bd. 2, Hamburg 1959, S. 276 – 284.

70 Ebd., S. 312 – 318.

erscheint naturgemäß diese Sicht auf das Böse selbst als zutiefst böse.

Fatal ist nur leider, daß der, der das Gute handelnd verwirklichen will, immer wieder an den anderen und an der Wirklichkeit scheitert. Der sich für gut Haltende erwartet nicht nur die Dankbarkeit der Mitwelt, sondern auch, daß aus Gutem Gutes entsteht. Aber siehe da, dem gutbürgerlichen Herrn, der einem volltrunkenen »Menschen namens Meier« auf die Beine hilft, wird zum Dank der Zylinder so zusammengestaucht, daß er hilflos im Dunkeln steht. Würde man diesen Meier, dem es ja nicht so vorkommt, daß er betrunken ist, zu seinem Tun befragen, so wäre nicht etwa Einsicht, sondern verständnislose Selbstrechtfertigung zu erwarten. Genausowenig hört man von Gewissensbissen, die Max und Moritz plagen. Man sieht das breite Grinsen, mit dem der Matrose den Affen mittels der mit Pech ausgeschmierten Stiefel fängt. Das Pech der einen ist die Freude der anderen.

In der *Romanze* verhöhnt die dralle Maid den verliebten dürren Schneider, der sich prompt an einem Zwirnfaden aufhängt, mit der durchaus sexistischen Doppeldeutigkeit: »Deine Nadel ist ja schon ganz krumm.«[71] Auch die Hypermoralischen sind alles an-

---

71 *Werke. Historisch-kritische Gesamtausgabe,* Bde. I–IV, Bd. 2, Hamburg 1959, S. 463–465.

dere als ein Vorbild. Der angebliche Weise in der *Einleitung* der *Haarbeutel* predigt Enthaltsamkeit als »Vergnügen an Sachen, welche wir nicht kriegen« und was folgt unmittelbar darauf? Er

läßt sich ein Dutzend Austern bringen,
Ißt sie, entleert die zweite Flasche...[72]

Erst recht sind da diejenigen, die aus der antimoralischen Haltung eine Art Lebensphilosophie machen wie jener Mann mit den vier Frauen, der – kaum verehelicht – wie ein Hund »auch diesen Strick schon wieder abgekaut« hat,[73] wohingegen sich Eduard in *Eduards Traum* nur im Selbstgespräch des Schlafenden traut, »frech und leichtsinnig« seine Frau Elise »der Vorgesetzte« zu nennen.

Es ist zweifelsohne eine harte und kalte Welt, die Wilhelm Busch bei allem Humor uns offenbart mit Bosheiten wie dieser, als der Gärtner einen Maulwurf tötet:

72 *Werke. Historisch-kritische Gesamtausgabe,* Bde. I – IV, Bd. 2, Hamburg 1959, S. 208 – 211.

73 *Sämtliche Werke,* Herausgegeben v. Otto Nöldeke, Bd. 6, München 1943, S. 357 – 358.

hinderlich, wie überall,
Ist hier der eigne Todesfall.[74]

Neben der Spießeridylle, die den Tobias Knopp am Ende seiner Wanderungen durch die *Abenteuer eines Junggesellen* aus dem Jahre 1875 wieder in Gnaden aufnimmt, scheint es als Alternative nur noch den mörderischen Ehekrieg zu geben:

Heißa! rufet Sauerbrot –
Heißa! meine Frau ist tot.[75]

Daß die Frau nur scheintot ist, von den Toten aufersteht und am Ende der Göttergatte vor Schreck ins Gras beißt, unterstreicht nur die schwarze Brutalität der Diagnose, die weder durch ihre satirische Übertreibung noch durch die Erbärmlichkeit des Personals abgemildert wird. Im Gegenteil, gerade daß hier der Mensch in seiner Armut und seiner um Spaß und Gnade bettelnden Nacktheit gezeigt wird, offenbart den tiefen Ernst und die rücksichtslose Ehrlichkeit dieser Abrechnung mit dem Menschengeschlecht. In der Erzählung *Der Schmetterling* findet sich ein Doktor Schnorz, der den »Eindruck eines sauberen

74 *Werke. Historisch-kritische Gesamtausgabe,* Bde. I – IV, Bd. 2, Hamburg 1959, S. 451 – 463.

75 Ebd., S. 62 – 68.

Metzgermeisters, den jedermann gern hat« vermittelt. Ihn sucht ein wegen seiner Frau besorgter Bauer auf. Schnorz fragt ihn, wie alt seine Frau sei und erfährt, sie sei so fünfzig bis sechzig. Sein Therapievorschlag lautet: »Schlagt das alte Weib tot. Mit der ist nichts mehr zu machen. Adieu!« Der Bauer geht »völlig erheitert« weg und äußert: »Das ist noch ein Dokter! Wenn er einsieht, es hilft doch nichts, so erspart er einem die Kosten.«

Nur scheinbar versöhnlicher ist die Diagnose, die das übliche bürgerliche Eheleben vom Dichter, der ja teils ein verhinderter Ehemann, teils ein notorischer und professioneller Junggeselle war, erhält. Tobias Knopp ist nicht nur der satt gewisse Bequemlichkeiten und Freuden der Zweisamkeit Genießende, sondern auch der dem Regime seiner Frau Dorothea, die vor der Ehe sein Dienstmädchen war, Unterworfene – sie beendet seine relativ freie Junggesellenzeit, in der er auskommen mußte

ohne einen hochgeschätzten
Tugendsamen Vorgesetzten.[76]

76 *Werke. Historisch-kritische Gesamtausgabe,* Bde. I – IV, Bd. 2, Hamburg 1959, S. 148 – 149.

Der angebliche Antisemit

Die dummen Attacken auf den angeblichen »Antisemiten« Wilhelm Busch sind ein weiterer Beleg für den geistig-moralischen Totalbankrott der alt und dement gewordenen einstigen »Neuen Linken«. Es wäre seltsam, wenn Wilhelm Busch sozusagen auf Bestellung obskurer Philosemiten in seinen jüdischen Gestalten nur übermenschliche Idealfiguren gezeichnet hätte. Aber die hebräische Bibel spricht zu Recht nur vom auserwählten Volk, nicht vom Volk der Auserwählten – ganz abgesehen davon, daß Jahwe sich von seinem Volk Außergewöhnliches erwartet und immer wieder Untreue und Versagen hart bestrafen muß.

Jüdische Ausbeuter und Verbrecher wurden nicht von den Antisemiten erfunden, diese haben lediglich auf der Folie tatsächlicher Vorkommnisse ihre Zahl übertrieben und die Gegenbeispiele unterschlagen. So wie ein 1990 verstorbener Freund, der 1924 in Breslau geborene und 1938 nach England entkommene Philosoph Franz Loeser in seiner Autobiographie *Sag nie, Du gehst den letzten Weg. Ein deutsches Leben*[77] beschreibt,

---

77 Köln 1986

wie ein Unternehmer ihn als seinen Glaubensgenossen ausbeutet und schurigelt, so hat auch jeder Nichtjude das Recht, unbequeme Wahrheiten über einzelne Juden zu äußern, ohne mit der Totschlagphrase »Antisemitismus« ausgegrenzt und niedergebügelt zu werden. Erst recht ist es infam, wenn Funktionäre jüdischer Verbände, statt zuzugeben, daß die Juden – wie alle gesellschaftlichen Kräfte – politisch verschiedene Haltungen einnehmen, so tun, als seien sich alle Juden darin einig, daß ausgerechnet eine so israelfreundliche Partei wie die AfD antisemitisch sei, dabei die Gruppe »Juden in der AfD« vollkommen unterschlagend.

Lange vor dem Cancel-Culture-Wahnsystem, noch im vorigen Jahrtausend, haben im Juni 1991 kulturferne Kölner Grüne erfolglos den Antrag gestellt, die Realschule in der Heerstraße nicht nach Wilhelm Busch zu benennen, da Busch bekanntlich Antisemit und Kinderfeind gewesen sei. Die Wirklichkeit ist eben satirischer als der Satiriker. Ähnlich sinnfällig wäre die kriminalistische Nachforschung gewesen, ob sich Jonathan Swift vom Fleisch saftiger irischer Kinder ernährt habe, da er doch deren Verspeisen zur Bekämpfung der Hungersnöte vorschlug. Als »antisemitisch« verbellen die Kultursäuberer dann so harmlos Karikierendes wie »Die Zwiebel ist der Juden Speise.«[78]

---

78 *Werke. Historisch-kritische Gesamtausgabe*, Bde. I – IV, Bd. 1, Hamburg 1959, S. 56 – 68.

Oder sie ignorieren bösartig-dumm die Verhohnepipelung der sich für so viel besser und schöner haltenden Nicht-Juden:

Kurz die Hose, lang der Rock,
Krumm die Nase und der Stock,
Augen schwarz und Seele grau,
Hut nach hinten, Miene schlau –
So ist Schmulchen Schiefelbeiner.
(Schöner ist doch unsereiner!) [79]

Die Nicht-Juden bekommen hier auch ihr Fett weg (erst recht die sich für schöner und besser Haltenden), so der reichlich hilflose und nicht einmal seinen Kindern gewachsene Herr Fittig, oder sie sind Unsympathen wie der dauergrinsende Kaspar Schlich. Immerhin zeigt der Jude, daß er, vor Fittigs Tür von den Hunden Plisch und Plum gebissen, sich unter der Maxime »Vernunft soll triumphieren« zu helfen weiß und dann sogar noch eine dem geizigen Hausherrn höchst unwillkommene Entschädigung durchsetzt.

Angeblich antisemitisch sind Verse Buschs wie diese aus der *Frommen Helene:*

---

79 *Werke. Historisch-kritische Gesamtausgabe,* Bde. I – IV, Bd. 2, Hamburg 1959, S. 479 – 486.

Und der Jud mit krummer Ferse,
Krummer Nas' und krummer Hos'
Schlängelt sich zur hohen Börse
Tiefverderbt und seelenlos.[80]

Man muß reichlich deppert oder reichlich böswillig sein, um hier nicht im Zusammenhang zu lesen und zu begreifen, daß es um Satire geht und nicht um wortwörtlich Gemeintes. In der Tat ist hier ein Vorurteil widergespiegelt, aber erstens benötigt der Dichter zwar im Roman die individuelle vielfarbig gebrochene Charakterisierung, in der Satire wie im Märchen aber eindeutige, schwarz-weiß vereinfachte Stereotype und zweitens würde nach der perversen Logik unserer Antisemitismus-Schnüffler der Autor sich schon in den unmittelbar folgenden Versen, wenn man sie wörtlich nimmt, als Anhänger des papistischen Pfaffentums offenbaren:

Schweigen will ich von Lokalen,
Wo der Böse nächtlich praßt,
Wo im Kreis der Liberalen
Man den Heil'gen Vater haßt.

80 *Werke. Historisch-kritische Gesamtausgabe,* Bde. I – IV, Bd. 2, Hamburg 1959, S. 204 – 206.

Die Paradoxie beruht hier gerade darauf, daß der Dichter vorgibt, schweigen zu wollen und munter darüber spricht, was den Herrschenden zufolge eher totgeschwiegen werden soll.

Daß jüdische Großkapitalisten zur zeitgenössischen Wirklichkeit des Wilhelm Busch gehörten und daher von ihm karikiert wurden, kann nur ein absoluter Ignorant als schlimme Sünde anprangern. Entsprechend der Grundstruktur des antisemitischen Vorurteils soll hier versucht werden, eine komplette ethnische bzw. religiöse Gruppe unter den Schutz eines literarischen Tabus zu stellen. Daß ein bei aller beißenden Ironie geradliniger und gutmütiger Mensch wie dieser Dichter als Erbe der Aufklärer zwar real existierende Juden kritisierte und karikierte, jedoch selbstverständlich nicht für die Verfolgung und Ausmerzung der Juden oder für eine fiktiv-fanatische Rassereinheit eintrat, sollte sich eigentlich von selbst verstehen.

Unideale Menschen

Immer geht es um die zentrale Frage, wer denn mehr verantwortlich ist für all die leider Gottes wirklichen Schlechtigkeiten: Der, der ihre Existenz unter allerlei rhetorischer Zuckerwatte verbirgt oder der, der sie mit klaren und harten Worten beschreibt. Nein, Wilhelm Busch ist nicht verantwortlich dafür, daß es Menschen gibt wie die Gattin jenes Meisters Zwiel, die die erfrorene und zur Eissäule erstarrte Leiche ihres im Vollrausch eingeschlafenen Mannes der Milchfrau gegenüber mit den Worten kommentiert:

»Schau schau!« ruft sie, in Schmerz versunken,
»Mein guter Zwiel hat ausgetrunken!
Von nun an, liebe Madam Pieter,
Bitt ich nur um ein Viertel Liter!«[81]

Auch die Helden kurzer kleiner Abenteuer leben und sterben einsam. Hier zeigt sich der ebenso ehrliche wie mitleidlose Realismus des Dichters in der nüchternen

81 *Werke. Historisch-kritische Gesamtausgabe,* Bde. I – IV, Bd. 2, Hamburg 1959, S. 256 – 263.

Feststellung der Frau über ihre materiellen Bedürfnisse. Die kleinen Dramen der Gattin mit ihrem »lieben Zwiel« und seinen Trinkexzessen bleiben ausgespart bzw. besser gesagt: Sie werden der Phantasie des Lesers überlassen. Es gibt kein sentimentales Gesäusel über den armen Handwerker als Opfer seiner Trunksucht und seine arme Frau als Opfer eines solchen Mannes. Statt einer sinnlosen Klage darüber, wie die Welt beschaffen sei, wird mit festem Zugriff festgehalten, wie sie ist. Einer weniger – was soll's, das Leben geht weiter: Darauf laufen viele Schilderungen Wilhelm Buschs hinaus. Denn das Mitleid hat für ihn einen engen Zusammenhang zu Eitelkeit und Selbstlob, wie jener philosophische Lump erkannt hat, der als Bettler nicht für die ihm freundlich gegebene Mark dankt, da der Spender sich durch seine Eitelkeit belohnt fühlen kann.[82] Das schließt nicht aus, daß Busch durchaus kritisch sieht, wie im Münchner Wirtshaus ein »Protz mit dunkelroter Nase« einen armen alten Bettler brutal abweist.[83]

In *Das Häschen* beschreibt Busch einen naiv-dummen Hasen, der den Bauern Rüppel zu Hilfe ruft, als der Wolf sich ein Lamm holt, aber dafür mit dem

82 *Sämtliche Werke,* Herausgegeben v. Otto Nöldeke, Bd. 6, München 1943, S. 237–238.

83 Ebd., S. 240–241.

Leben bezahlt, weil er dem knüppelbewehrten Bauern den Hasenbraten liefert.[84] Sein Fazit:

Und wer noch fragt,
was dies besagt,
ist offenbar
so klug als wie das
Häschen war.

In *Der weise Schuhu* sitzt der weise Vogel außerhalb und oberhalb des Streites von Rabe und Storch um die Frage der Priorität der Henne oder des Eis und schaut zu, wie die beiden sich darin einig sind, die sich einmischenden zwei Frösche zu fressen. Er resümiert:

»Ja« – denkt der Schuhu – »so bin ich!
Der Weise schweigt und räuspert sich!«[85]

Der alte Kaspar Schlich, Prototyp des gefühlskalten Sadisten, will die jungen Hunde Plisch und Plum ertränken – entsprechend seiner Sichtweise

84 *Werke. Historisch-kritische Gesamtausgabe,* Bde. I – IV, Bd. 2, Hamburg 1959, S. 392 – 395.

85 Ebd., S. 405 – 409.

Wenn mir aber was nicht lieb,
Weg damit! ist mein Prinzip.[86]

Nur »kommt es anders, als man glaubt« – die beiden Jungen Peter und Paul retten die Hunde und bringen sie zu ihren Eltern:

Papa Fittig, treu und friedlich,
Mama Fittig, sehr gemütlich,[87]

die da noch »sorgenlos und stillvergnügt« vor ihrem Haus sitzen. Aber kaum sind Kinder und Hunde gekommen, machen sich diese »ohne Scham« gierig und zerstörerisch über die Abendmilch her. Als Großmeister der Mißgunst und Schadenfreude schaut Kaspar Schlich derweil fröhlich durch das Fenster und konstatiert:

Das ist freilich ärgerlich,
Hehe! aber nicht für mich!!

86 *Werke. Historisch-kritische Gesamtausgabe,* Bde. I–IV, Bd. 2, Hamburg 1959, S. 450–457.

87 Ebd., S. 457–462.

Allerdings wird es auch ihn erwischen, denn

Wer sich freut, wenn wer betrübt,
Macht sich meistens unbeliebt.[88]

Fittig schlägt ihm die Bratpfanne mit dem heißen Pfannkuchen auf den Kopf, so daß Schlich mit einer »Pfannkuchenmütze« dasteht. Das Ende der Geschichte ist auch seines: Es gibt ihm einen Stich ins kalte Herz, woraufhin er in einen Teich stürzt und ertrinkt, als Fittig von einem reichen Engländer viel Geld für die beiden Hunde bekommt.

Auch die Kinder sind keine Rosenreslis und Waldbauernbübchen, sondern in ihrem Egoismus und ihrer Gleichgültigkeit oft genug getreue Kopien der Erwachsenen. So heißt es in *Plisch und Plum*

Paul und Peter, frech und kühl,
Zeigen wenig Mitgefühl;
Fremder Leute Seelenschmerzen
Nehmen sie sich nicht zu Herzen.[89]

88 *Werke. Historisch-kritische Gesamtausgabe,* Bde. I – IV, Bd. 2, Hamburg 1959, S. 486 – 499.

89 Ebd., S. 469 – 479.

Selbst die Hunde Plisch und Plum sind als »Bösewicht und Bösewicht« tatsächlich »ein niederträchtig Paar«. Allerdings ist die anarchisch-rebellische Phase bei ihnen wie bei Peter und Paul nur von kurzer Dauer: Die Kinder kommen zu Lehrer Bokelmann, werden von ihm durchgeprügelt, bis sie brav und angepaßt genug sind, was sie prompt in gleicher Methodik an ihre Hunde weitergeben:

Bald sind beide kunstgeübt,
Daher allgemein beliebt,
Und, wie das mit Recht geschieht,
Auf die Kunst folgt der Profit.[90]

Und als die Tante den kleinen Fritz damit beglücken will, daß er über Nacht ein Brüderchen bekommen hat, antwortet der »kurz und grob«:

Ich hol 'n dicken Stein
Und schmeiß ihn an den Kopp![91]

Ja, es gibt in der Weltliteratur großartige herzerwärmende Geschichten, aber die Aufgabe des Dichters ist es, das Bleibende zu stiften, und nicht als Einheizer

90 *Werke. Historisch-kritische Gesamtausgabe,* Bde. I – IV, Bd. 2, Hamburg 1959, S. 499 – 508.

91 *Sämtliche Werke,* Herausgegeben v. Otto Nöldeke, Bd. 6, München 1943, S. 254.

für die wohltemperierte bürgerliche Wohnstube zu fungieren. Der Titel *Eine kalte Geschichte* warnt uns schon vor. Allerdings geht es um mehr als um einen Kälteunfall in Hintertupfingen. Verhandelt werden Orientierungsverlust und Orientierungslosigkeit des Menschen in einer kalten Welt, in der liebgewonnene Gewohnheiten nicht weiterhelfen, wenn sich die Umstände ungünstig verketten und sich gegen den Einzelnen zu verschwören scheinen. Der Meister Zwiel hat zwar, »verständig, wie das seine Art« ist, zunächst den Schlüssel am gewohnten Platz an seinem Gürtel gefunden, aber schon die Suche nach dem Schlüsselloch überfordert dieses Wesen, das auf dünnen Beinen in sein Verderben stolpert und sich mehr darum bekümmert, den durchnäßten Hut auf dem Kopf zu behalten, als sich aus der Kälte zu retten. Daß dieser wohl eher gefühlskalte als lebenswarme Mensch zum Eisblock erstarrt, ist eine bittere Pointe.

In die Welt geworfen

Der Mensch Wilhelm Buschs ist in der Tat hilflos in diese Welt entlassen – als Opfer und Spielball seines Geschicks ist ihm mit Geschicklichkeit nur wenig auszuhelfen. Es sind die Vorgegebenheiten unserer Existenz, die unsere Grenzbarrieren bestimmen. Darüber kann man sich in etwa klar werden oder man kann beharrlich seine illusionäre Selbstsicht verteidigen wie der »Mensch Meier«, der »sich im Schlürferschritte knikkebeinig fortbewegt« und von dessen Trunkenheit es heißt, »selber kam's ihm nicht so vor«. Auch schmerzliche Erfahrungen helfen da nicht weiter – selbst der Sturz »in Glas und Kies« belehrt den Trunkenbold nicht, erst recht bewirkt er keine moralische Besserung. *Der Undankbare* – so der Titel der Geschichte – beantwortet die Hilfe des »Herrn mit gutem Herzen« mit Egoismus und blinder, rational nicht nachvollziehbarer Aggression. Ethisch gesehen bewegen wir uns hier auf Messers Schneide: Wie sich der, dem geholfen wird, verhält, ist in vielem unvorhersehbar. Hilfe sollte deshalb gerade nicht abhängig gemacht werden von Wohlverhalten und Dankbarkeit. Auch ohne einen undankbaren Gegenüber kann wie in *Der unfreiwillige*

Spazierritt das Schicksal in Form eines durchgehenden Pferdes den Hilfsbereiten der Lächerlichkeit preisgeben. Darüberhinaus entgeht niemand seinem Ich, diesem Kobold, der bei jedem Umzug mitkommt.[92]

Auch der, der mit einem eleganten Künstler- oder Klosternamen sich von seinem Geburtsnamen verabschiedet, geht die entscheidenden Kindheitsjahre mit diesem in den Kampf, zusätzlich verziert durch Spitz- und Spottnamen. Es ist böse Ironie, wenn Wilhelm Busch so tut, als wisse er dies nicht, als habe sich der gute Schneidermeister Böck seinen Namen selbst ausgesucht:

Jedermann im Dorfe kannte
Einen, der sich Böck benannte.

Gerade diese bewußt falsche, schräge, unsinnige Darstellung des Sachverhalts kennzeichnet die Unfreiheit und Gebundenheit des Menschen in der ihm als Aufgabe gestellten, man könnte auch sagen aufgezwungenen Welt, in der gilt:

Es kann doch unsereiner
Nur denken, wie er muß.[93]

92 *Sämtliche Werke*, Herausgegeben v. Otto Nöldeke, Bd. 6, München 1943, S. 309.

93 Ebd., S. 321.

Die Kinder kommen in sie hinein, unwissend und unbewußt, und sehen sich damit konfrontiert, daß ihre Erziehung und Bildung schon fest vorprogrammiert ist:

Also lautet ein Beschluß,
Daß der Mensch was lernen muß.[94]

Natürlich gibt es diesen Beschluß und die ihn Beschließenden nicht, aber diese Fiktion ist wirkmächtig als Bestimmung, deren Hinterfragen nicht zugelassen wird. Fiktion, besser gesagt Schwindel ist all das Getue, das Busch auf die Spitze treibt, wenn er dem Dorfschullehrer Lämpel andichtet, »die Wissenschaft vermehren« zu können (ebd.). Dabei ist gerade nicht vorgesehen, daß Menschen sich aus eigenem Antrieb und mit Genuß dem Geistigen zuwenden, nein:

Sondern auch der Weisheit Lehren
Muß man mit Vergnügen hören. (ebd.)

---

94 *Werke. Historisch-kritische Gesamtausgabe,* Bde. I–IV, Bd. 1, Hamburg 1959, S. 362.

Man muß, statt zu dürfen. Gegen diese Zwänge rebellieren die Kinder mit individuellem Terror und damit relativ aussichts- und folgenlos. Auf die laute Explosion folgt die Wiederherstellung des *status quo ante:*

Mit der Zeit wird alles heil,
Nur die Pfeife hat ihr Teil. (ebd.)

Abstürze

Daß nach einer Generation des Friedens in Europa mit einem Krieg, womöglich einem großen Krieg, zu rechnen war, war am Ende des Neunzehnten bzw. am Anfang des Zwanzigsten Jahrhunderts vielen bewußt. Die Erwartung des Ewigen Friedens hatten nur einige allzu Blauäugige. Der alte Wilhelm Raabe, der den Ruhm Wilhelm Buschs griesgrämig-neidisch als ethisches Armutszeugnis für das deutsche Volk ansah, da dessen Werke auf der Schadenfreude aufbauten, unterschied sich im Hinblick auf die Zukunftserwartungen nicht sehr von seinem Widerpart. Zu seiner Tochter sagte er über einen seiner Enkel: »Armer Junge, der kommt mitten hinein.« Allerdings sind die Ausgangspunkte und die Schlußfolgerungen dieser beiden bedeutenden Dichter diametral entgegengesetzt. Wilhelm Raabe setzte im Grunde den nach der 1848er Revolution in Abgrenzung zu jungdeutschem Politizismus und biedermeierlichem Quietismus entstandenen *Poetischen Realismus* in einer Zeit fort, als mit dem Aufkommen des Naturalismus und des Symbolismus sich längst die Moderne ankündigte. Der Begriff des *Poetischen Realismus* wurde von Otto Ludwig (1813 – 1865) geprägt für eine Literatur des Brückenschlags zwischen Ideal und Wirklichkeit und von ihm 1856 meisterhaft umgesetzt in der Erzählung *Zwischen Himmel und Erde,* die im Grunde ein kurzer, konzentrierter Roman ist und im selben Jahr erschien wie Raabes Erstling *Die Chronik der Sperlingsgasse.* Auch wenn Raabe in seinen Werken hellsichtig politische Entwicklungen wie den Aufstieg Japans oder die ökologischen Folgen der Industrialisierung thematisiert, so ist doch sein Herangehen an die Dinge das eines Moralpredigers und Idealverwirklichers, nicht das eines strengen, unbarmherzigen Realisten – nicht das Flauberts, nicht das Wilhelm Buschs. Wilhelm Raabe folgt »als Mensch und Christ« doch eher den »weisen Lehren der alten Leute«.[95] Insofern ist es nur konsequent, wenn der allzu gutmenschlich biedere Heinrich Böll ihm sekundierte und meinte, in die Fußstapfen von Golo Mann treten zu sollen, der 1958 Wilhelm Busch für einen »nur scheinbar heiteren, unergründlich boshaften, menschenfeindlichen Humoristen« erklärte. Schon sein Vater vermerkte im Tagebuch die Busch-Lektüre als »eher verstimmend«.

In seiner vierten *Frankfurter Poetik-Vorlesung* 1974 geißelte Böll die »perniziöse Häme eines Wilhelm Busch, der fast immer entwürdigt« und fabulierte: »Das nationale Unglück der Deutschen wollte es wohl, daß ihre

---

95 *Werke. Historisch-kritische Gesamtausgabe,* Bde. I – IV, Bd. 2, Hamburg 1959, S. 206.

Vorstellung von Humor von jemand bestimmt werden sollte, der verhängnisvollerweise Wort und Bild miteinander verband: von Wilhelm Busch. Ich halte das für ein Verhängnis. Zur Wahl stand Jean Paul, ein Humanist, der Humor hatte, gewählt aber wurde Busch, ein Inhumaner, der sich selbst illustrierte, es ist der Humor der Schadenfreude, des Hämischen, und ich zögere nicht, diesen Humor als antisemitisch zu bezeichnen, weil er antihuman ist. Es ist die Spekulation auf das widerwärtige Lachen des Spießers, dem nichts heilig ist, nichts, und der nicht einmal intelligent genug ist, zu bemerken, daß er in seinem fürchterlichen Lachen sich selbst zu einem Nichts zerlacht ...« So sah nicht nur der arme Heinrich die Welt, so sehen sie – in ihre Illusionen aus Eigenfabrikation verliebt – alle Idealisten. Was Busch in *Fips, der Affe* ironisch über die Afrikaner sagt, ist typisch für diese Denkweise: »Man ist schwarz und damit gut.«[96]

Diese Menschen wollen nicht kapieren, daß die, die wie Busch das Fatale und Entwürdigende geißeln, nur die Überbringer unliebsamer Einsichten, aber nicht die Verursacher der Mißstände sind. Sie predigen ergebnislos, »durch weise Lehren / sich zum Guten zu bekehren«, aber die vorgegebenen materiellen Kräfte der Trägheit und der egoistischen Versuchungen der

96 *Werke. Historisch-kritische Gesamtausgabe,* Bde. I – IV, Bd. 2, Hamburg 1959, S. 274 – 276.

»sündigen Kreatur« (im Fall der Witwe Bolte Eier, Braten, Federn) erweisen sich oft genug als stärker. Hinzu kommt, daß die Gier nach Selbstversorgung, ehe es ans Verwerten und Verwursten geht, deklariert und maskiert wird als edles Gefühl:

All mein Hoffen, all mein Sehnen,
Meines Lebens schönster Traum
Hängt an diesem Apfelbaum!![97]

Ähnlich dümmlich wie die Klage und Anklage der Gutmenschen ist die kurzschlüssige Einsortierung des Dichters als Provinzler, der »in Pantoffeln einherschlurft«, durch Klaus Jeziorkowski,[98] der sich als ultramoderner großstädtischer Intelligenzler turmhoch über den angeblich letztlich in Provinz, Genre-Literatur, Bestätigung der Spießer, Denunziation der Außenseiter und generell im Neunzehnten Jahrhundert steckengebliebenen Wilhelm Busch erhaben fühlt. Jede Festlegung eines Autors anhand seines Lebens – spannende Werke nur bei spannender Biographie, langweilige Werke bei einem auf dem Lande gebliebenen Verfasser ohne nachweisbare handgreifliche Abenteuer – ist

97 *Werke. Historisch-kritische Gesamtausgabe,* Bde. I – IV, Bd. 1, Hamburg 1959, S. 348.

98 In einer Rezension von Gert Uedings Buch *Wilhelm Busch. Das 19. Jahrhundert en miniature,* Frankfurt a. M. 1977, in: FAZ vom 13. Mai 1978.

verfehlt. Denn letztlich entscheiden die inneren Prozesse und deren Umsetzung ins Wort und nicht das Beiwerk der Ereignisse und Bekanntschaften.

Wer sich selbst wie Wilhelm Busch illusionslos betrachtet, der entdeckt so einiges bei sich – etwa die Neigung zur Zwecklüge als »hübschen Ausweg«:

Ich rede, wenn ich reden soll,
Und lüge dir die Jacke voll.[99]

Denn es gilt:

Wer möchte diesen Erdenball
Noch fernerhin betreten,
Wenn wir Bewohner überall
Die Wahrheit sagen täten.
...
Da lob ich mir die Höflichkeit,
Das zierliche Betrügen.
Du weißt Bescheid, ich weiß Bescheid;

Und allen macht's Vergnügen.[100]

---

99 *Sämtliche Werke,* Herausgegeben v. Otto Nöldeke, Bd. 6, München 1943, S. 239 – 240.

100 Ebd., S. 250 – 251.

Was die guten Vorsätze angeht, so folgen die meisten Menschen dem Grundsatz: »Immer kommt mir was dazwischen.«[101]

In einer Zeit, wo die Hysterie, die ideologischen Wahnvorstellungen und das Schmerzgeschrei der Sensibelchen überhandnehmen, ist es eine Wohltat, wenn der Dichter in *Vorschläge, die beim Antitierquälereiverein zu Rathausen eingebracht wurden*[102] jenen Schwachsinn durch den Kakao zieht, den uns heute die fanatischen Tierschützer auftischen.

101 *Sämtliche Werke*, Herausgegeben v. Otto Nöldeke, Bd. 6, München 1943, S. 249–250.

102 *Werke. Historisch-kritische Gesamtausgabe*, Bde. I–IV, Bd. 1, Hamburg 1959, S. 242–243.

Zerstörerfreuden

Jene, die wohlgenährt ihr Leben leben, mögen sich selbst und ihresgleichen etwa als »fromme Bäckersleut«[103] sehen, aber daß sie es nicht sind, beweist spätestens der Bauer Mecke, wenn er für den höheren Zweck der Wiederherstellung der guten alten Ordnung Max und Moritz dem Müller als kleinzumahlende Menschenopfer bringt. Der Bauer und der Müller ergötzen sich dabei an der Vernichtung der »Bösewichter«, die als Hühnerfutter noch einen Nutzen bringen müssen. »Freudiges Gebrumm« herrscht im Dorf, als man von der Eliminierung der beiden Störer hört.

Wer wollte sich darüber empören, wenn Wilhelm Busch die ebenso spießigen wie theatralisch übertreibenden Opfer kleiner Dramen mit Spott überzieht, wenn der Osterhase »recht beschwerlich« Eier legen muß[104] oder wenn etwa der Onkel Fritz im »Fünften Streich« von »Max und Moritz« sich »voller

---

103 *Werke. Historisch-kritische Gesamtausgabe,* Bde. I – IV, Bd. 1, Hamburg 1959, S. 375. Ebd., S. 375

104 *Werke. Historisch-kritische Gesamtausgabe,* Bde. I – IV, Bd. 4, Hamburg 1959, S. 343 – 344.

Grausen« dem »Ungetier« Maikäfer gegenübersieht. Daß der vorher so friedlich schlummernde Onkel sein Problem löst, indem die Käfer radikal und komplett vernichtet werden, verweist in eine düstere Tiefendimension, die nach den Greueln des Zwanzigsten Jahrhunderts uns geradezu vertraut erscheint.[105]

Hinzu kommt, daß im Hinblick auf dienstbeflissenes Freundlich-Sein nicht nur Max und Moritz, sondern auch viele andere Menschen »darin keinen Reiz« entdecken können, und lieber

Menschen necken, Tiere quälen,
Äpfel, Birnen, Zwetschen stehlen.[106]

Auch wenn die »fromme Helene« immer wieder denkt:

Dies will ich nun
Auch ganz gewiß nicht wieder tun.[107]

ist es ihr unmöglich, auf die schönen Sünden zu verzichten.

105 *Werke. Historisch-kritische Gesamtausgabe,* Bde. I – IV, Bd. 1, Hamburg 1959, S. 374.

106 Ebd., S. 343.

107 *Werke. Historisch-kritische Gesamtausgabe,* Bde. I – IV, Bd. 2, Hamburg 1959, S. 212.

Wilhelm Busch war kein Asket. Im Gegenteil, er leugnet, daß es überhaupt ernsthafte, konsequente Asketen gibt.[108] Es ist ihm wichtig, zu betonen, daß es Momente gibt, wo der Mensch mit dem Lehrer Lämpel sprechen möchte:

Die größte Freud'
Ist doch die Zufriedenheit!!![109]

Aber genau auf diesen Moment folgt im »Vierten Streich« der bösen Buben die Explosion der Pfeife – mit einer genialen Dynamik sureal dargestellt. Und daß bei solchen Ereignissen das Opfer »was abgekriegt« hat, beschränkt sich nicht allein auf die unmittelbaren Folgen unwillkommener Geschehnisse. Angesichts der Gefahren für Leib und Leben wird die Angst zum ständigen Begleiter, zu einer für die eigene Existenz konstitutiven Kraft. Zwar werden an der Oberfläche die Formen wieder in etwa restauriert, aber nicht allein die Pfeife »hat ihr Teil«.

108 Vgl. *Sämtl. Werke,* Herausgegeben v. Otto Nöldeke, Bd. 6, München 1943, S. 269 – 270.

109 Ebd., S. 365.

Unter und hinter allem lauert das Chaos, wenn etwa in *Der vergebliche Versuch*[110] der betrunkene Herr Lehmann nach Weggang seiner Gäste versucht, sich eine Zigarre anzuzünden und durch eine Zerstörungsszenerie torkelt oder wenn in *Vetter Franz auf dem Esel* der Reiter vom störrischen Esel auf seine Kusinen geworfen wird.[111] Das *Gestörte Duett* von Katze und Kater wirft den Hausherrn und seine Frau aus der Bahn.[112] Der dicke gemütliche Tobias Knopp gerät bei seiner *Heimkehr* in einen Alptraum von Zerstörung und Durcheinander.[113] Der vollgezechte Bauer Bunke droht im Teig zu ersticken und zerstört die mühevolle Arbeit seiner Frau, die nun weinen, aber nicht backen kann.[114] Auch der kleine Christian muß in *Krischan mit der Piepe* die Erfahrung machen, wie schnell die Freude, dem Vater eine lange Nase und sich selbst einen Spaß machen zu können, umschlägt in einen Alptraum, in dem alles schwankt, nichts das ist, was es zu sein scheint und die schwarzen Nachtgestalten aus dem Dunkel

110 *Werke. Historisch-kritische Gesamtausgabe,* Bde. I – IV, Bd. 1, Hamburg 1959, S. 446 – 452.

111 Ebd., S. 521 – 528.

112 *Werke. Historisch-kritische Gesamtausgabe,* Bde. I – IV, Bd. 4, Hamburg 1959, S. 389 – 391.

113 *Werke. Historisch-kritische Gesamtausgabe,* Bde. I – IV, Bd. 2, Hamburg 1959, S. 118 – 132.

114 Ebd., S. 229 – 237.

auftauchen.[115] *Fritze,* »braver Eltern Sohn«, eliminiert sich und die allzu schrappige Jungfer Grete durch die Folgen unklugen Alkoholkonsums.[116] In *Die ängstliche Nacht* wird der Betrunkene von seinen Möbeln, einem schwarzen Käfer und einem auf seinen zur Gießkanne gewordenen Kopf einhämmernden Teufel attackiert.[117] Eher weniger tröstend ist jene Geschichte, in der einer, dessen Kopf beim Sturz in ein Eisloch sauber abgetrennt wurde, eine Stelle als Dielenträger findet – nun durch den die anderen störenden Halsaufsatz unbehindert[118] – oder jene, in der ein Schneider den ungezogenen und ihn verhöhnenden Fritz mit der Schere umbringt.[119]

In *Die Folgen der Kraft*[120] stellt Wilhelm Busch einen Ablauf dar, der eine historische Allegorie ist und sich mit einer geradezu naturwissenschaftlichen Folgerichtigkeit

115 *Werke. Historisch-kritische Gesamtausgabe,* Bde. I – IV, Bd. 1, Hamburg 1959, S. 316 – 328.

116 *Werke. Historisch-kritische Gesamtausgabe,* Bde. I – IV, Bd. 2, Hamburg 1959, S. 237 – 242.

117 Ebd., S. 263 – 273.

118 *Werke. Historisch-kritische Gesamtausgabe,* Bde. I – IV, Bd. 1, Hamburg 1959, S. 12 – 13.

119 Ebd., S. 75 – 82.

120 *Werke. Historisch-kritische Gesamtausgabe,* Bde. I – IV, Bd. 2, Hamburg 1959, S. 183 – 190.

entwickelt. »Ja, ja, das kommt von das!!«[121] möchte man mit Diogenes sagen. Der so gar nicht heldenhafte Held der Geschichte, der Turner Hoppenstedt, beginnt seinen Tag »mit kühnem Mut«. Auch das Zweite Reich der Deutschen trat 1871 so frisch und entschlossen auf die Weltbühne – alles andere als vorsichtig und überlegend, sondern mit einem Überschuß an kaum gezügelter Energie. Daß die Hanteln »zu frisch-fromm-freier Tätigkeit« eingesetzt werden, offenbart in einer überdeutlichen Anspielung auf die aus den Befreiungskriegen von 1813 bis 1815 entstandene Jahnsche Turnerbewegung den Zusammenhang von Unterdrückung durch die französischen Besatzer, gewaltsamem Volkswiderstand und religiös-politischer Ideologie.

Das Treiben in der höheren Etage bemerkt eins tiefer der unterlegene Spießbürger durchaus, ohne aber etwas zu unternehmen:

Derweil sitzt unten beim Kaffee
Herr Meck und deutet in die Höh'.

Das Bürgertum läßt sich unterhalten und ablenken:

Doch unten hier
Liest Vater Meck in dem Kurier.

---

121 *Werke. Historisch-kritische Gesamtausgabe,* Bde. I – IV, Bd. 1, Hamburg 1959, S. 163.

Der Turner wagt sich an immer größere Gewichte. Ganz ähnlich traute sich das Reich in den achtziger Jahren trotz aller Skepsis und allen Widerstrebens Bismarcks immer größere weltpolitische Aufgaben zu, einschließlich der Kolonialpolitik. Statt sich auf die Abwehr der Einkreisung Deutschlands zu konzentrieren, wird diese durch die Weltmachtambitionen des Reiches noch verstärkt – spätestens, als England und Frankreich sich nach der Faschoda-Krise 1898 über die Abgrenzung ihrer Machtsphären einigen.

Die Selbstüberschätzung und Kraftsteigerung des Turners Hoppenstedt führt unmittelbar zur Katastrophe:

Und kracks! – zu groß wird das Gewicht;
Die Decke trägt es nicht – und – bricht.

Der eben noch so kontrollierte, disziplinierte und kraftvolle Turner stürzt hilflos abwärts, hinein in die Frühstücksidylle des alten Ehepaars. In der Zeichnung Wilhelm Buschs offenbart er einen geradezu rauschhaften, dämonisch-diabolischen Lachreflex. Noch hilfloser als er sind die alten Leutchen. Der abgestürzte Hoppenstedt sitzt Herrn Meck geradezu im Nacken und »fängt an zu reiten« – nur um danach sofort die Flucht zu ergreifen und sich nicht weiter um den von ihm angerichteten Schaden zu kümmern. Vater Meck bleibt nur noch das Zetern und die voller Wut geballte

Faust. Es ist genial, wie Wilhelm Busch hier das Umgehen der Mächtigen mit ihrer oft genug übersteigerten Macht und ihre Reaktionen auf ein Scheitern prototypisch demonstriert. So wie sein Hoppenstedt blind ist für Gegebenheiten und Grenzen, so haben immer schon die Va-Banque-Spieler in der Politik – Karl XII. von Schweden, Napoleon, Hitler usw. usw. – ihr Leben angelegt. Unter ihnen am meisten zu leiden hatten immer die Untersten und Kleinsten: Im vorliegenden Bilderbogen der Hund Fidelio, dem von einem herabgestürzten Gewicht sein Schwanz abgetrennt wird.

Die Guten und die Bösen und das Beschweigen

Die Idealisten schweigen am liebsten von allem, was in der Welt nicht ideal ist. Entweder erklären sie in striktem Dualismus die Welt draußen für unerlöst und verderbt und setzen ihr ihre innere sowie die jenseitige Welt entgegen oder aber sie lassen die Realität unberücksichtigt links liegen und ergehen sich lieber in Utopien des Schönen und Wünschbaren. Die schlimmen und brutalen Realisten dagegen halten die Tatsachen fest und lassen diese für sich sprechen. Da kommt dann die gesamte Palette menschlicher Verhaltensweisen ins Spiel, auch die Sexualität, die der Dichter feiert als

Von allem Tun die schönste Tätigkeit.

Sie dürfe nicht »in ein schuldbewußtes Dunkel« gehüllt werden.[122] »Wonneschreck« und eine »helle Glut« erfaßt ihn, sieht er »ein Weib, ein unverhülltes

122 *Sämtliche Werke,* Herausgegeben v. Otto Nöldeke, Bd. 6, München 1943, S. 255.

Weib.«[123] Er erträumt sich ein Mädchen im Dunkel »in himmlisch warmer Nähe«[124] und ein »gutes Frauenzimmer« wünscht er sich »ein bissel schlimmer«.[125] Sehr plastisch spricht er über die besonderen Momente:

Doch die Höchstgefühle heischen
Ihren ganz besondern Klang;
Dann sagt grunzen oder kreischen
Mehr als Rede und Gesang.[126]

Die berühmte, so ganz unideale Schadenfreude, jene weltweit verbreitete Gefühlsäußerung, für die das Deutsche den präzisesten und gehaltvollsten Ausdruck besitzt, zeigt klassisch der krumme Hund mit dem sprechenden Namen Krischan Stinkel, wenn er, als in *Der Geburtstag oder die Partikularisten* die Ehrenjungfrau mit ihrem prächtigen Hinterteil die gespendeten Eier zerdrückt und ein übler Geruch sich ausbreitet, hinter vorgehaltener Hand seiner Ehefrau Christine mitteilt: »De fulen, Stine, dat sind mine!!«[127] Ähnlich

123 Ebd., S. 259.

124 Ebd., S. 259 – 260.

125 Ebd., S. 264.

126 Ebd., S. 291.

127 *Werke. Historisch-kritische Gesamtausgabe*, Bde. I – IV, Bd. 2, Hamburg 1959, S. 419.

der Zahnarzt Doktor Schmurzel, von dem es heißt: »Ein Unglück stimmt ihn immer heiter.«[128] Daß die Ziege des Nachbarn gestorben ist, ist für den Griesgram ein Anlaß zur Freude.[129] In einem Gedicht über einen selbstbewußt ausreitenden, aber dann von seinem Roß abgeworfenen Freund heißt es:

Die Reiter machen viel Vergnügen,
Besonders, wenn sie drunten liegen.[130]

Das Malheur eines anderen zu bedauern macht im übrigen »eine Art von Wonne«.[131] Auch die Untergebenen ducken sich beim Mißgeschick eines Vorgesetzten weg und genießen sein Scheitern.[132]

Buschs Gedichtsammlung *Kritik des Herzens* von 1874 setzt literarisch um, was Schopenhauer in der Philosophie als Rekonstruktion und gleichzeitige Destruktion des menschlichen Selbstbewußtseins und Selbstgefühls begonnen hat. Damit wird einerseits

128 *Werke. Historisch-kritische Gesamtausgabe,* Bde. I – IV, Bd. 4, Hamburg 1959, S. 60 – 67.

129 *Sämtliche Werke,* Herausgegeben v. Otto Nöldeke, Bd. 6, München 1943, S. 325 – 326.

130 Ebd., S. 239.

131 Ebd., S. 266 – 267.

132 Ebd., S. 310.

der idealistische Höhenflug abgebrochen und zur materiell-realen Grundbestimmtheit des Menschen als Mensch zurückgekehrt, andererseits die überhebliche, fortschrittsgläubige Ideologie eines alles für erklärbar und machbar haltenden Rationalismus verabschiedet. In der Erzählung *Eduards Traum* von 1891 heißt es: »Geht's uns nicht so mit allen Dingen, denen wir gründlich zu Leibe rücken, daß sie grad dann, wenn wir sie mit dem zärtlichsten Scharfsinn erfassen möchten, sich heimtückisch zurückziehn in den Schlupfwinkel der Unbegreiflichkeit, um spurlos zu verschwinden, wie der bezauberte Hase, den der Jäger nie treffen kann?« Andererseits ist der »himmlische Seelenfrieden«, den sich einer gerade eben noch attestiert, sofort verschwunden, als sich »der alte hohle Backenzahn« meldet.[133] Das Hochgefühl des dicken Sacks ist bald verflogen, denn die Ähren antworten ihm ganz kühl:

> *Du wärst ein leerer Schlauch, wenn wir nicht wären.«*[134]

Der Dichter ist sich immer auch bewußt, daß jenseits der leichten und inhaltslosen Wahrheiten (»zwei mal

133 *Sämtliche Werke,* Herausgegeben v. Otto Nöldeke, Bd. 6, München 1943, S. 242–243.

134 *Sämtliche Werke,* Herausgegeben v. Otto Nöldeke, Bd. 6, München 1943, S. 244–245.

zwei ist vier«) erst das weite Feld des Sinnens und Suchens beginnt und manche Enttäuschung bereithält:

Emsig sucht ich aufzufinden,
Was im tiefsten Grunde wurzelt,
Lief umher nach allen Winden
Und bin oft dabei gepurzelt.«[135]

Immer wieder entzieht sich die Wahrheit dem Liebeswerben des Philosophen – sie bleibt »jungfräulich, keusch und züchtig.«[136]

Auch in der Erzählung *Der Schmetterling*[137] von 1894, zuerst 1895 erschienen, steht am Anfang die Erkenntnis, daß jedes WARUM nichts ist »als nur der Zipfel eines Fadens, der in den dicken Knäuel der Unendlichkeit ausläuft, mit dem keiner recht fertig wird, er mag wickeln und haspeln, so viel er nur will.« *Der Schmetterling* ist im Grunde eine Taugenichts-Geschichte, in der Nachfolge und als Parodie der romantischen Reiseerzählung, in der der Held Peter berichtet, wie er als frecher und verbummelter Bauernsohn nach dem frühen Tod der Mutter mit Vater, Base und Knecht in einem einsamen

135 Ebd., S. 365 – 366.

136 Ebd., S. 370 – 371.

137 *Werke. Historisch-kritische Gesamtausgabe,* Bde. I – IV, Bd. 4, Hamburg 1959, S. 213 – 263.

Gehöft als tumber Tor aufwächst. Statt auf dem Feld zu arbeiten, beim Magister zu lernen oder die dünnen Suppen der Frau seines Lehrherrn zu ertragen, streift er lieber »in leichtsinniger Freiheit« herum oder legt sich nieder »zu beliebiger Ruhe«. Eines Sonntags verirrt er sich auf der Jagd nach einem ungewöhnlichen Schmetterling in eine ihm unbekannte Gegend. Ein Blinder und ein Taubstummer helfen ihm nicht weiter, genauso wenig etliche Leute, die er nach dem Wege fragt. Nur der Schmetterling taucht immer mal auf und fliegt ihm vorweg, ohne daß er ihn fangen kann. Diese Wanderung ins Unbekannte gibt die Möglichkeit zu stimmungsvollen Landschaftsschilderungen, in denen sich wie in der hier zitierten die Begabung des Malerdichters für Farben und Konturen zeigt: »Als ich den Wald verließ, lag die angenehmste Landschaft vor mir ausgebreitet; Wiesen, von Hecken umgeben; ein See; ein Dorf im Dunst der Ferne. Die Nacht war schwül gewesen; der Tag wurde es noch mehr. Die Schwalben flogen tief; und eine graue Wolke, wie ein Sack voll Bohnen, stand lauernd am Horizont. Die Sonne verfinsterte sich; ein Schatten machte sich über der Gegend breit; die Wolke, nunmehr mit einer langen gelblichen Schleppe geziert, war drohend heraufgestiegen. In ihrem Innern grollte es bereits; ein Wind erhob sich, und dann kam rauschend und prasselnd die ganze Bescherung.«

Aber vor allem brilliert der Dichter in vielen kleinen Abenteuern, teils in etwa realistisch, teils voller

Märchenmotive, mit all den Gaunereien und Entbehrungen, die dem Mittellosen weiterhelfen oder ihn erneut scheitern lassen. Der gerade eben zu Geld gekommene Peter verliebt sich in die junge schöne Hexe Lucinde, gerät auf einen Hexenbesen, wird in einem Schornstein, durch den er in eine Küche fällt, abgeladen und von einer alten Hexe in einen Hund verwandelt, den die Flöhe quälen. Schnell ist er in seinen Manieren »ganz Hund« geworden. Bald taucht auch seine Angebetete, die »schöne Tyrannin«, in der manche Interpreten Johanna Keßler zu entdecken glauben, wieder auf und malträtiert ihn munter weiter. Er flieht, kehrt aber reumütig zu ihr zurück, wird zunächst gnädig aufgenommen, dann aber in einer Truhe halb eingeklemmt und mit der Zange um seinen Schwanz gebracht. Prompt wird er dadurch wieder zum Menschen zurückverwandelt. Ehe er jedoch zur Tür hinaus ist, verpaßt ihm die Hexe noch mit dem Blasebalg einen Hexenschuß, von dem ihm hinfort der Kopf schiefsteht. Während er flüchtet, macht er sich selbst Vorwürfe, daß er zum Faulenzer und Streuner geworden ist und sehnt sich zurück in sein Elternhaus.

Er gelangt zu einem Schloß, wo der dank eines Goldesels superreiche Herr Schlumann, geradezu eine Inkarnation des Gründerzeit-Kapitalisten, dem Herrn mit den Bockshörnern ein Fest gibt. Auch Lucinde ist dort. Die Gäste verlassen das Fest und Peter springt auf die Kutsche, in der Lucinde mit dem Teufel sitzt. Nur ist der Wagen höllisch heiß, sein Fuß verbrennt und er stürzt auf die Straße. Ein mitleidiger Bauer nimmt ihn mit zu einem Arzt, der ihm das Bein absägt und ihn mit Krücken versieht. Als Bettler von einem Ort zum andern vertrieben, gelangt er schließlich zurück in sein Elternhaus. Er bittet um Quartier, ohne zu sagen, wer er ist. Er nennt sich nun »Fritz Fröhlich«. Er erfährt, daß sein Vater gestorben ist, die Base hat den Knecht geheiratet und ein gutmütiges Kind ist da, das ihn »Humpelfritze« nennt. Er bleibt dort, macht sich als Schneider nützlich und lebt »als ein stilles, geduldiges, nutzbares Haustier«, das Schmetterlinge nicht mehr beachtet und sich auch von Lucinde, die in der Walpurgisnacht durchs Fenster blickt, nicht mehr verwirren läßt. Erst nach seinem Tod stellt man an seinem Medaillon fest, daß er der Verlorene Sohn ist. Und nun erst erfährt der Leser, daß er eine Lebensbeschreibung gelesen hat, die lange nach dem Tod des Verfassers aufgefunden wurde. Der Schlußsatz lautet: »Sein ungekünstelter harmloser Stil, seine rücksichtslose Mitteilung selbst solcher Erlebnisse, die für ihn äußerst beschämend gewesen, drücken seinem Berichte den Stempel der Wahrheit auf, und nur der Halbgebildete, dem natürlich die neueren Resultate der induktiven Wissenschaft auf dem Gebiete des Wunderbaren nicht bekannt sind, wird Anstoß nehmen an diesem und dem, was man früher unmöglich nannte.«

Frauen, Strafen, Paradiese

Auch die starken Frauen, die es bei Wilhelm Busch durchaus gibt, müssen sich ein robustes Mandat erteilen, müssen sich mit List und mit nackter Gewalt behaupten, so etwa *Die kühne Müllerstochter,* die ebenso raffiniert wie radikal drei Räuber nacheinander umbringt [138] – ganz kühl ironisiert als

So starben die drei ganz unverhofft.
O, Jüngling! Da schau her!!!
So bringt ein einzig Mädchen oft
Drei Männer in's Malheur!!!!

Der Strafende genießt mit sadistischer Freude das Bestrafen, wie etwa Zöpfel, der in *Die Drachen* die Äpfeldiebe Fritz und Franz »mit Lust und Liebe« verdrischt,[139] oder er bittet wie der Justizrat den Todeskandidaten: »Aber, Heß, so tu mir doch den einzigen

138 *Werke. Historisch-kritische Gesamtausgabe,* Bde. I – IV, Bd. 1, Hamburg 1959, S. 534 – 542.

139 *Werke. Historisch-kritische Gesamtausgabe,* Bde. I – IV, Bd. 2, Hamburg 1959, S. 427 – 449.

Gefallen und laß dich köppe!«[140] Als »eindringlichste moralische Ermahnungen« durch den Vater erhält sein Sohn Pepi kräftige Stockhiebe.[141] Fast immer hat die Strafe, wenn der Übeltäter sich nicht noch bis zum nächsten Streich davonmachen kann, etwas elementar Destruktives, wie etwa in *Der Wurstdieb,* wo der Junge Louis, vom Hofhund erwischt, seiner Beute beraubt und dazu gezwungen, im Eisregen auszuharren, vom »guten Nachbarn« bemerkt wird und als Eisfigur zum Aufwärmen ins Haus getragen wird. Nur stolpert der Nachbar an der Schwelle und Louis zerfällt zu einem »Eisgerölle« – mit dem Ergebnis:

Da nimmt der gute Nachbar schnell den Besen
Und fegt hinaus, was Louis einst gewesen.[142]

Vom ebenfalls zu Eis erstarrten *Eispeter,* der sich nach Erwärmung in Flüssigkeit aufgelöst hatte, bewahrten in einer der ersten Bildergeschichten die guten Eltern immerhin noch seine Überreste in einem mit PETER und drei Kreuzen gekennzeichneten Steintopf zwischen den Behältnissen für Käse und Gurken auf.[143]

140 *Werke. Historisch-kritische Gesamtausgabe,* Bde. I – IV, Bd. 1, Hamburg 1959, S. 73 – 74.

141 Ebd., S. 86 – 93.

142 Ebd., S. 555.

143 Ebd., S. 288 – 304.

Es hat einst ein »schönes Paradies« gegeben, die Heimat der Kindheit, die sich im Leben immer weiter entfernt – verlockt von »lieblich winkenden Gestalten«, verlockt vom Kranz des Ruhmes geraten wir trotz »heimlichem Graun« immer tiefer »in dieses Labyrinthes Gassen«.[144] Auch bei denen, die töten, um zu leben, bleibt eine Sehnsucht nach dem »alten Paradiesesfrieden.«[145] Denn gut geht das Leben meist nur im Märchen aus – so etwa in der wunderbaren kleinen Bauernidylle *Meiers Hinnerk*[146] mit ihren plattdeutschen Dialogen, 1905 geschrieben und 1907 veröffentlicht, oder für das Liebespaar bei der *Entführung aus dem Serail*[147] – politisch unkorrekt haben dafür allerdings der arme Sultan »Herzenspein und Nasenschmerz« davongetragen, der Aga und der Wächter die Prügel des Sultans. Positiv geht es aus für den naschhaften Karl und sein braves Schwesterchen, das ihn in *Die Verwandlung* mit der Wunderblume aus dem Hexenhaus und vor dem Geschlachtet-Werden

144 *Sämtliche Werke,* Herausgegeben v. Otto Nöldeke, Bd. 6, München 1943, S. 270.

145 Ebd., S. 284 – 285.

146 *Werke. Historisch-kritische Gesamtausgabe,* Bde. I – IV, Bd. 4, Hamburg 1959, S. 332 – 336.

147 *Werke. Historisch-kritische Gesamtausgabe,* Bde. I – IV, Bd. 1, Hamburg 1959, S. 464 – 470.

rettet,[148] im idyllischen mondbeschienenen Bienenfest in *Schnurrdiburr oder die Bienen*[149] sowie in *Hänschen Däumeling.*[150] Ein glückliches Ende nimmt auch *Das brave Lenchen,*[151] aber nur für dieses Mädchen, denn die böse Schloßherrin, die dem Kind und seiner kranken Mutter jede Hilfe verweigert hat, wird von einem Räuber abgestochen. Es gibt auch die gemütlichen Parodien, so der *Silen*[152] in den *Haarbeuteln,* mit dem der Dichter in der Imitation klassischer Rhythmen die antikisierenden Epigonen des Historismus verspottet und den göttlichen Säufer dem Amor die Federn ausrupfen läßt. Ähnlich ist das zehnte Kapitel von *Fips, der Affe* gearbeitet, wo die tierische Wildheit über das vornehm-gelehrte Getue triumphiert.[153]

Vom Satiriker Busch gibt es auch durchaus einzelne Idyllen wie das Nachlaßgedicht des kinderlosen Dichters *Ich bin Papa,* bei dem kindlicher Spieltrieb und väterliche Liebe zum Sohn alle erwachsene Grübelei

148 *Werke. Historisch-kritische Gesamtausgabe,* Bde. I – IV, Bd. 1, Hamburg 1959, S. 528 – 534.

149 *Werke. Historisch-kritische Gesamtausgabe,* Bde. I – IV, Bd. 2, Hamburg 1959, S. 5.

150 Ebd., S. 375 – 392.

151 Ebd., S. 363 – 370.

152 Ebd., S. 211 – 218.

153 Ebd., S. 336 – 341.

verschwinden lassen.[154] Auch das *Frühlingslied* ist voller Frische und Freude – und voller Spott gegen die »Wein- und Weiberhasser«.[155] Trotz seiner Neigung zum scharfen Hinblicken und Durchleuchten, trotz seines von so mancher Enttäuschung geprägten pessimistischen Mißtrauens war Wilhelm Busch kein Menschenfeind, sondern ein zwar nicht unkritischer, aber in der großen Linie gutmütiger Philosoph, der in *Buch des Lebens* sein Fazit so zusammenfaßt:

Haß, als minus und vergebens
Wird vom Leben abgeschrieben.
Positiv im Buch des Lebens
Steht verzeichnet nur das Lieben.
Ob ein Minus oder Plus
Uns verblieben, zeigt der Schluß.[156]

154 *Sämtliche Werke,* Herausgegeben v. Otto Nöldeke, Bd. 6, München 1943, S. 382–383.

155 Ebd., S. 384–386.

156 Ebd., S. 396.

Kein Frieden

Die Menschen da draußen und die Menschen in den Bildergeschichten verstehen sich oft genug nicht. Es scheitert schon an den Worten. Da kommt in *Ein galantes Abenteuer*[157] ein gutbürgerlicher Herr mit dem Zug in Hannover an, sieht fünf Frauen, die er mit

Seid mir gegrüßt, ihr edlen Frauen,
So wunderlieblich anzuschauen!

anspricht. Statt nüchtern festzustellen, wer da zu sehen ist – nämlich eine Art Putzkolonne – folgt er selbstverliebt seiner Wunschvorstellung und äußert sich als ironischer Charmeur. Die fünf resoluten Weiber verstehen buchstäblich »Bahnhof« und bearbeiten den verhinderten Poussierer nach ihrem »Wat het he seggt?!« mit ihren Besen. Er stolpert in ein Kehrichtfaß, wird »halb verdroschen« und kann sich nur retten, indem er den Megären einige Münzen vor die Füße wirft. Mit der beherzigenswerten Erkenntnis

157 *Werke. Historisch-kritische Gesamtausgabe,* Bde. I – IV, Bd. 1, Hamburg 1959, S. 411 – 416.

Bei Damen sollst du fein
Gar niemals nicht ironisch sein

reist er wieder ab.

So ganz nebenbei ist diese Geschichte eine Widerspiegelung der Klassenfronten, der Malaise bürgerlicher Selbstbehauptungsversuche, des Geschlechterkampfes auf der untersten Ebene. Was einst gehobenes Spiel der Galanterie war, erfährt im Versuch seiner Fortführung eine definitive Klärung und Lösung durch unverstellte, offene Gewalt. Die Damen sind keine Damen mehr, die Herren keine Herren und die Abenteuer sind schmerzhaft und genußfrei. Auf Gewalt folgt Gewalt, sehr oft unter dem Vorzeichen der Rache wie in *Der Bauer und der Windmüller.*[158] Andererseits muß in einer gewaltdurchwirkten Welt sich der im Prinzip friedliche Igel gegen die Bedrohung durch den von Frieden schwätzenden und »im Namen seiner Majestät« agierenden Fuchs durch seine Wehrhaftigkeit schützen: »Bewaffnet, doch als Friedensheld«.[159]

Es gibt keinen schärferen Beobachter des Neunzehnten Jahrhunderts in Deutschland und des Bürgertums

---

158 *Werke. Historisch-kritische Gesamtausgabe,* Bde. I – IV, Bd. 1, Hamburg 1959, S. 121 – 130.

159 *Sämtliche Werke,* Herausgegeben v. Otto Nöldeke, Bd. 6, München 1943, S. 282 – 283.

in seinem Jahrhundert als Wilhelm Busch. Zuvor, im Achtzehnten, waren die Bürger noch eine an den Rand geschobene und teilweise vom Feudalismus unterdrückte Klasse, im Zwanzigsten verlor ihre gesellschaftliche Formation ihre zentrale Stellung und löste sich langsam wieder auf – in der ersten Hälfte durch die Kriegsfolgen, durch den Aufstieg des Faschismus als Bündnis einer Koalition der heruntergekommensten Elemente aller Gesellschaftsschichten mit dem braunen Mob, in der zweiten durch die Dekadenz einer unterworfenen, umerzogenen, sich selbst verneinenden und ihre Ausschaltung unbewußt bejahenden Bevölkerungsmehrheit, die bestrebt war, mit dem Bildungsbürgertum die Bildung loszuwerden und abzusinken in gefühlsduseliges Fellachentum und wohliges Aussterben. In den Ikea-Sesseln und auf den Designersofas sitzen heute die Nachfahren jenes Tobias Knopp, dessen umgebundene Serviette hinter seinem Kopf in zwei Zipfeln endet, die arg an Eselsohren erinnern.[160]

Über die Zeitkritik hinaus wendet Wilhelm Busch seinen Blick auf die Gesamtsituation und konstatiert über die Welt:

160 *Werke. Historisch-kritische Gesamtausgabe,* Bde. I – IV, Bd. 2, Hamburg 1959, S. 98.

Vor Haß und Hader
Hat sie niemals noch geruht.
Immerfort durch jede Ader
Tobt das alte Sünderblut.[161]

161 *Sämtliche Werke,* Herausgegeben v. Otto Nöldeke, Bd. 6, München 1943, S. 371–372.

Die Künste im Widerstreit

Auch in den Künsten sind der Frieden und die Konfliktfreiheit die Ausnahme, sind Widerspruch und Kampf die Regel:

Ein Maler und ein Musikus
So Wand an Wand, das gibt Verdruß

beginnt die Bildergeschichte *Die feindlichen Nachbarn oder Die Folgen der Musik.*[162] Das Verhältnis des Dichters zur Musik ist ein spezielles: So, wie er in seiner Malerei die gedämpften Töne des Brauns und des Grüns bevorzugt und etwa ein starkes Rot nur sehr vorsichtig einsetzt, so verabscheut er in der Musik Lärm und Getöse und porträtiert das Klavier als vom Virtuosen malträtiertes »gutes Tier« und »armes Vieh«.[163]

162 *Werke. Historisch-kritische Gesamtausgabe,* Bde. I – IV, Bd. 1, Hamburg 1959, S. 470 – 475.

163 *Sämtliche Werke,* Herausgegeben v. Otto Nöldeke, Bd. 6, München 1943, S. 305.

Nicht zuletzt Richard Wagner hatte um die Mitte des neunzehnten Jahrhunderts mit seiner Konzeption des Gesamtkunstwerks versucht, traditionelle Grenzen zwischen den Künsten aufzuheben. Wilhelm Busch setzt dazu einen Kontrapunkt. Daß er hierbei als Maler die Malerei als Opfer der lauten und vorlauten Musik darstellt, wundert nicht. Aber auch die Konfrontation führt zu nichts Gutem:

Verruiniert stehn beide da. –
Das tatest du, Frau Musika!

Auch hier wird mit der imaginären Person der Frau Musika ein doppelter Boden eingezogen. Sowenig wie es sie gibt, gibt es einen persönlich Verantwortlichen für das Geschehen. Was sich ereignet, ereignet sich schicksalshaft: Weil die Musik laut ist, weil der Maler unmusikalisch ist, weil die Wand dünn ist, weil man zufällig zum Nachbarn wird … Hierin könnte man einen Bezug zur Historie sehen: Annähernd gleichstarke Reiche, in Expansion begriffen, stoßen aufeinander, oder aber das eine Land ist durch innere Wirren geschwächt und das andere sieht eine gute Chance zum Überfall. Immer sind es Vorgegebenheiten und doch haben die Einzelmenschen oft genug das Gefühl, aus eigenem Antrieb zu handeln. Generell geben sie sich keine Rechenschaft über ihre Antriebe und Gefühle. So glaubt die »alte Mamsell Schmöle« von sich, sie sei um das »Heil der Seele« ihres Hausmädchens besorgt, wo es ihr doch nur um das geht, »was gottlos und beneidenswert.«[164]

164 *Sämtliche Werke,* Herausgegeben v. Otto Nöldeke, Bd. 6, München 1943, S. 245–246.

Dichterverhinderung

Balduin Bählamm, der verhinderte Dichter,[165] 1883 erschienen, ist Wilhelm Buschs Auseinandersetzung mit den Tücken der schönen Literatur. In der uralten Debatte, ob sich der Dichter an ein DU wendet oder eher primär für sich selbst, für den Hausgebrauch, schreibt, ironisiert schon der erste Satz die geistige Selbstbefriedigung:

Wie wohl ist dem, der dann und wann
Sich etwas Schönes dichten kann!

um anschließend aufzusummieren, wie der schreibende Mensch »durchtrieben und gescheit« sich ein Gegengewicht zu den verschiedenen Widrigkeiten des Daseins schafft. Sehr zutreffend charakterisiert Busch das Leben der gewöhnlichen Menschen:

Im Durchschnitt ist man kummervoll
Und weiß nicht, was man machen soll.

---

165 *Werke. Historisch-kritische Gesamtausgabe,* Bde. I – IV, Bd. 4, Hamburg 1959, S. 7 ff.

Es wirkt wie das bitterböse Echo auf Eichendorffs Beschwörung »Der Dichter ist das Herz der Welt«, wenn mit »Nicht so der Dichter« das Bild eines Pseudo-Schöpfers entworfen wird, der »aus weicher Kleie« sich »privatim« eine neue Welt formt. Es ist dieser notfalls bis zum Wolkenkuckucksheim erweiterte und überhöhte Überbau, mit dem viele ihr privates materielles Elend und ihre amourösen Frustrationen beantworten, denn

Für manchen hat ein Mädchen Reiz,
Nur bleibt die Liebe seinerseits.

Ein Gegenstück findet sich in *Abenteuer eines Junggesellen,* wo Knopp der einst von ihm vergeblich angehimmelten und inzwischen ausgesprochen unattraktiven Adele gegenübertritt, die ihn sofort herzt und küßt, während er »aus Mangel an Gefühl« sich »äußerst schwül« fühlt und schleunigst entflieht.[166]

Ehe Bählamm im neunten Kapitel endgültig scheitert, ist die Regelmäßigkeit des Versagens auf allen Ebenen längst schon thematisiert und damit auch die Peinlichkeit, Auskunft zu geben über das eigene Befinden – entweder sich hinausredend oder frech lügend. All dem entgeht der »freie Musensohn«, der, da die

166 *Werke. Historisch-kritische Gesamtausgabe,* Bde. I – IV, Bd. 2, Hamburg 1959, S. 15 – 19.

vierte Dimension schon von Geistern besetzt ist, sich in die fünfte zurückziehen kann. Busch karikiert so eine sich von der Wirklichkeit lösende und sie verneinende, Reinheit proklamierende Literatur, die er in Analogie setzt zur Butterproduktion:

Hier aus dem mütterlichen Busen
Der ewig wohlgenährten Musen
Rinnt ihm der Stoff beständig neu
In seine saubre Molkerei.

In einer genialen Pirouette macht Wilhelm Busch deutlich, daß die theoretisch ätherisch-duftige Poesie der Bählämmer in Wirklichkeit ein billiges Wegwerfprodukt aus der Wortfabrik ist. »Befriedigt durch die eigne Dichtung« kreisen die Schreiberlinge um sich selbst und ihre Hervorbringungen. Mit ungefragten und unwillkommenen Lesungen quälen sie die Menschen ihrer Umgebung, machen sie zwangsweise zu Hörern und nötigen ihnen – unbegeistert, aber konfliktvermeidend Lobeshymnen ab. Zusätzlich finden sie Bestätigung, wenn ihre Machwerke im Morgenblättchen abgedruckt werden und womöglich eine Laura als »süße Qual« ihren Dichter anhimmelt:

Göttlicher Mensch, ich schätze dich!
Und daß du so mein Herz gewannst,
Macht bloß, weil du so dichten kannst!!

In *Balduin Bählamm* entwirft Wilhelm Busch ein gültiges Porträt des halbintellektuellen, komplett verspießerten Intelligenzlers, wie es im vermerkelten Buntesdeutschland zwar in allen politischen Lagern, in seiner extremen Form aber auf der links-grünlich-liberalen Seite zu finden ist. Dieser »gute Mensch« gibt sich nicht damit zufrieden, daß er ein Amt hat, vermählt und »viermal Vater« ist. Nein, in grotesker Selbstüberschätzung will er auch noch zum bedeutenden Dichter werden:

Er möchte dichten, möchte singen,
Er möchte was zuwege bringen
Zur Freude sich und jedermannes;
Er fühlt, er muß und also kann es.[167]

Dieser Bählamm ist von Beruf Schreiber – also ein reproduzierender Auf- und Abschreiber von Zahlen, Banalitäten und Nichtigkeiten. Aber er kleidet sich wie ein Künstler, mit Samtbarett und »Dichterkragen von Papier«; er bevorzugt einen sozusagen szenetauglichen Haarschnitt und demonstriert die Gestik des Nachdenklichen und Schöpferischen. Es ist eine bittere Karikatur auf das Milieu der verschrobenen, verkrachten und verhinderten Pseudo-Künstler in Schwabing und

167 *Werke. Historisch-kritische Gesamtausgabe,* Bde. I – IV, Bd. 4, Hamburg 1959, S. 11 – 23.

anderswo, in dem sich Busch eine Zeitlang fröhlich bewegt hat, pokulierend und parlierend, aber immer in der klarsichtigen Distanz des gesellschaftsfähigen Einsamen, des ungezähmten Salonlöwens. Der selbsternannte Dichter Bählamm kann nur fehlgehen – am Ende seiner Dorfabenteuer und verschiedener Versuche, Ideen zu haben und diese auch noch zu Papier zu bringen, scheitert er an sich und an den Umständen. Er kehrt zurück in den warmen Sumpf des unpoetischen Alltags- und Familienlebens und verzichtet auf weitere Ausbrüche und Aufschwünge. Stattdessen schleicht er sich wieder um neun gebeugt und gebrochen ins Büro – tragisch und lächerlich in einem. Das Fazit ist:

So steht zum Schluß am rechten Platz
Der unumstößlich wahre Satz:
Die Schwierigkeit ist immer klein,
Man muß nur nicht verhindert sein.[168]

Balduin Bählamm steht sich, ganz abgesehen von mangelnder Begabung, prinzipiell selbst im Weg. Mit anderen Worten: Es fehlt ihm offenkundig an Talent, aber vor allem an Charakter. Hinzu kommen dann die Interventionen der Umwelt – von den plärrenden Kindern bis zu einem Freund oder »Freund«,

168 *Werke. Historisch-kritische Gesamtausgabe*, Bde. I – IV, Bd. 4, Hamburg 1959, S. 81.

der ihm aus Spaß den Hut plattdrückt. Typisch für Buschs Herangehen an seine Personen und die Welt im allgemeinen ist es, daß er gerade nicht den Humor und den Freund in Anführungszeichen setzt, sondern so tut, als würde er dessen schräg-aggressives Tun als spaßhaft akzeptieren:

Ein Freund, der viel Humor besaß,
Macht sich von hinten diesen Spaß.[169]

Die Zeichnung widerlegt hier die hohlen Worte: Dieser Kamerad ist ein dicker, primitiver, brutaler Zeitgenosse, der ungerührt das Bier des nach der Attacke geflohenen Bählamm wegtrinkt – durchaus vergleichbar dem »wohlgenährten Passagier« im folgenden Kapitel, der im Zugabteil dem Dichter buchstäblich auf die Füße tritt. Sprache ist eben einerseits das WORT, der Logos, und andererseits das Reich der WORTE, der (Selbst)Täuschung, der Illusionen, des Schwindels. Die beiden antipoetischen Negativfiguren folgen übrigens der gleichen Logik von Egozentrik und Egoismus im Sinne des »Hoppla, jetzt komme ich« plus des Lustprinzips. Den einen belohnt das genossene Bier, den anderen das schmerzverzerrte Gesicht des

169 *Werke. Historisch-kritische Gesamtausgabe,* Bde. I – IV, Bd. 4, Hamburg 1959, S. 15.

an seinem Hühnerauge erwischten Mitreisenden, das »des Beschauers Heiterkeit« hervorruft.[170]

Und wenn Wilhelm Busch als Schluß des vierten Kapitels schreibt »Die Sängerin verläßt die Szene«, dann kann man sicher sein, daß hier keine Operndiva abtritt, sondern daß eine Kuh den Kopf durch das Fenster gestreckt und mit »Ramuh« die feierliche Stimmung sowie Bählamms Poesieversuch zerstört hat. Überhaupt bietet das Land gerade nicht Ruhe und Frieden, sondern – etwa in der *Frommen Helene* Verletzungen und Ärger. Theodor Storms

Kein Klang der aufgeregten Zeit
Drang noch in diese Einsamkeit

aus dem Gedicht *Abseits* von 1847, geschrieben von einem Kleinstadt-Dichter aus Husum, ist eine Generation später die Sache des doch eher dörflichen Wilhelm Busch nicht. Auch da, wo die Natur eher idyllisch sein mag, sind es die Dörfler für ihn nicht. Sie leben im Kleinkrieg untereinander, aber sie haben noch dazu eine Antihaltung zu all denen, die als Fremde von außen kommen. Erst recht, wenn diese ihre so anderen Maßstäbe mitbringen und missionieren. Auch hier

170 *Werke. Historisch-kritische Gesamtausgabe*, Bde. I – IV, Bd. 4, Hamburg 1959, S. 30.

geht es ein Jahrhundert später immer noch um den Epochenumbruch seit Mitte des achtzehnten Jahrhunderts – wirtschaftlich als Übergang von der Agrar- bzw. Manufakturgesellschaft zur Industriegesellschaft, politisch als Übergang vom absolutistischen Feudalismus zur Herrschaft des Bürgertums, philosophisch-ideologisch als Vordringen einer religionskritisch-rationalistischen Weltanschauung. Die Folge- und Begleiterscheinungen der Französischen Revolution – die Zerstörung von Kirchen und Klöstern, die Massaker in der Vendée, die gewaltsame Zentralisierung und Sprachvereinheitlichung – führten zwangsläufig zu allergrößten Problemen sowohl für die Gutsbesitzer wie auch für die ruinierten und proletarisierten Bauern. Deren Wut und Rache werden in ironischer Brechung sichtbar, wenn die Ziegenhirtin mit ihrem Liebhaber den liebesentflammten Poeten in einen Teich entsorgt.

Wilhelm Busch, der große Zweifler an der Vernunft der sich für vernünftig Haltenden und an all den Verhaltensempfehlungen, macht sich lustig über Bählamm, den wohlmeinenden Anbeter holder Weiblichkeit, der gerade von der resoluten Ziegenhirtin eine saftige Ohrfeige erhalten hat:

So töricht ist der Mensch. – Er stutzt,
Schaut dämisch drein und ist verdutzt,

Anstatt sich erst mal solche Sachen
In aller Ruhe klarzumachen.[171]

Geradezu klassisch ist seine Zerlegung dieser Ohrfeige als Prozeß physikalischer Kraftumwandlung: die Konfrontation herber Realität mit der Künstlichkeit unserer naturwissenschaftlichen Analysen. Künstlich ist auch all das, was sich die Dichter zusammenreimen über Schlösser und schöne Frauen, denn ihre eigene Lebenswirklichkeit ist eine gänzlich andere:

Indessen ist ein enges Stübchen
Sein ungeheizter Aufenthalt.
Er hat kein Geld, er hat kein Liebchen,
Und seine Füße werden kalt.[172]

171 *Werke. Historisch-kritische Gesamtausgabe,* Bde. I – IV, Bd. 4, Hamburg 1959, S. 51.

172 *Sämtliche Werke,* Herausgegeben v. Otto Nöldeke, Bd. 6, München 1943, S. 367 – 368.

Gegenträume

Es liegt auf der Hand, daß Busch den Gegenentwurf zu all dem kitschigen Gesülze und Geraune nicht in einem platten Naturalismus sah. Die Erzählung *Eduards Traum,* 1890 entstanden, steht auf der Höhe des zeitgenössischen europäischen Symbolismus, ja sie nimmt manches vom Surrealismus vorweg, wenn der Träumer sich als zum denkenden Punkt geschrumpft erlebt, der sich »seinen Bedarf an Raum und Zeit ... ganz en passant, gewissermaßen als Nebenprodukt« macht und als »feines Zappermentskerlchen von mikroskopischer Niedlichkeit« dahinschwebt.[173] Es ist eine absurde Welt der Zahlen und der Horizontalebenen, die Eduard im Traum durchschreitet – gelegentlich gestört von dem »Eduard schnarche nicht so« seiner Ehefrau. Wie man sieht, auch in das Phantastische spielt in diesem Text die Realität hinein. Zugleich aber durchzieht alles eine feinsinnige romantische Ironie, in der Clemens Brentano und Heinrich Heine nachhallen. Dabei wird nicht zuletzt die staatliche Autorität verhöhnt, wenn ein Gericht angesichts von straffälligen

173 *Werke. Historisch-kritische Gesamtausgabe,* Bde. I – IV, Bd. 4, Hamburg 1959.

Schiefertafelschnitzern und schwergewichtigen Metzgersgattinnen zur »Verrechnungskammer« mutiert oder wenn ein braver Stadtsoldat »noch selbigen Tages zur dritten Potenz erhoben« wird. Auch die hohle Nichtigkeit etwa in der Sympathieheuchelei angeblicher Freundinnen wird kritisch vermerkt. Über einen Ehemann und Vater heißt es, er habe »bereits den Gipfel der ehelichen Zärtlichkeit erklommen, wo die Schneeregion anfängt.« Die Schönschwätzer aus der literarischen Zunft bekommen gleichfalls ihr Fett weg: »Ein Barbier, der mit wenig Seife viel Schaum schlagen konnte, war kürzlich unter die Literaten gegangen. Er hatte großen Erfolg, wie ich hörte ...« Die Verhältnisse in dieser Geschichte folgen einer Traumlogik, sie sind oft widersinnig und scheinen auf den Kopf gestellt: »Auf dem Bahndamme standen mehrere Personen. Ein Greis ohne Hoffnung, eine Frau ohne Hut, ein Spieler ohne Geld, zwei Liebende ohne Aussichten und zwei kleine Mädchen mit schlechten Zeugnissen. Als der Zug vorüber war, kam der Bahnwärter und sammelte die Köpfe. Er hatte bereits einen hübschen Korb voll in seinem Häuschen stehn.« Aber die Ironie liefert auch ihre bitteren Wahrheiten, so wenn ein Besenbinder die Geldbörse eines Arztes findet und behauptet, sie nicht gesehen zu haben: »So hatte der Weise einem seiner unerfahrenen Mitmenschen eine wertvolle Lehre gespendet, ohne ihn in die peinliche Lage zu bringen, sich bedanken zu müssen.«

In den vielen Möglichkeitsformen des Traumes sind immer auch die Schrecknisse eingeschlossen, so in dem Abschnitt, wo drei Fliegen von drei Fischen gefressen werden, diese wiederum von drei Enten, die eine Bäuerin in die Küche lockt, um ihnen mit dem Beil den Kopf abzuschlagen. Dabei verletzt sie sich den Finger, der zu einer »geschwollenen Blutwurst« wird. Der Doktor kommt, amputiert ihn, was aber nichts hilft, so daß er ein Körperteil nach dem anderen abschneidet, bis er an die »empfindlichen Hühneraugen« gelangt und sie mit einem Schrei stirbt.

Die Freiheit des Erzählens jenseits von Chronologie, Ursachen-Wirkungs-Zusammenhängen und Alltagslogik gibt dem Dichter die Chance, von einem »Mann mit der schmutzigen Brille«, der »überall den Unrat wittert, den er mitbringt« mit der Bemerkung »Flöhe gibt's überall« überzuwechseln zu Kritikussen und von dort zu auf der Modewelle des Naturalismus surfenden und wild »Natur und nur Natuurrr!« brüllenden »Dichtern, die sich auch schon immer was vorgenommen hatten, ohne recht zu wissen wieso«. Dem Ganzen die Krone setzt dann ein Schreihals »mit einem Gesicht so boshaft wie das eines tausendjährigen Kolkraben« auf, der »im Reviere das entscheidende Wort führt« und »alles von der Kunst verlangt und noch mehr von seinem Schöpfer, denen er noch nie was geschenkt hat.«

Wilhelm Busch schafft es, mit der Kritik an der Unterwürfigkeit gerade auch der berühmten Künstler gegenüber den Kritikern eine politische Parabel zu verbinden, in der ein für Gleichheit eintretender Menschenfreund scheitert an einem »Maurerparlier«, also einem Sprecher der Bauleute und damit einem Vertreter jener Arbeiteraristokratie, die nicht nur, aber besonders unter den deutschen Sozialisten dominierte. Auch »einen mehr als guten Menschen« trifft der Träumer, einen »nicht unbeleibten« Villenbesitzer, der »eine Mark für die äußere Mission und fünfzig Pfennige für die innere« spendet und in Schwermut verfällt, weil er »wegen seiner fast strafbaren Herzensgüte« ganz gerührt über sich selber ist.

Da Eduard wissen will, ob die Welt endlich oder unendlich ist, katapultiert er sich in den Weltraum zu den Sternen hoch, um von dort zu sehen, daß die Erde von weitem aussieht »wie ein nicht unbedeutender Knödel, durchspickt mit Semmelbrocken«. Auf den Boden zurückgekehrt, besucht er ein Gemeinwesen, in dem man durch Ausbohren der »Konkurrenzdrüse« jede Konkurrenz, auch die um die Männer und Frauen, und damit alle Eifersucht, ausgeschaltet hat. Jedem ist alles egal. Nur leider ist damit in dieser »wöhnlichen und wohldurchdachten Gemeinschaft« das Lachen verschwunden und durch Lachclubs nur »ein heiseres, hölzernes, heuchlerisches Lachen« zu imitieren. Zu dieser »gewissen sanften Eintönigkeit« paßt, daß man dort »gemütliche Parkanlagen« hat, aber sich an jedem Baum jemand aufgehängt hatte, ohne daß man dem Beachtung weiter schenkte.

Eduard erlebt noch manche Abenteuer mit seltsamen Heiligen und seltsamen Teufelchen, aber am Ende erwacht er doch, als seine Elise ruft, daß der Kaffee fertig ist. Die Freunde, die mehr oder weniger nachsichtig seiner Erzählung zugehört haben, sind verwirrt und pikiert: »Wir hatten doch mancherlei Dinge vernommen, die dem Ohre eines feinen Jahrhunderts recht schmerzlich sind. Wozu so was? Und dann ferner. Warum gleich lumpig einhergehn und es jedermann merken lassen, daß die Bilanzen ein Defizit aufweisen? Würde es nicht vielmehr schicklich und vorteilhaft sein, sich fein und patent zu machen, wie es der Kredit des »Hauses« erfordert, dem als Teilhaber anzugehören wir sämtlich die Ehre haben?« Man sieht, in dieser unidealen Welt sind auch die Zuhörer so wenig wie die Leser ideal. Aber immerhin schätzen sie es, wenn »Schrullen, die sich nun mal nicht unterdrücken lassen« eingefangen sind in einem Buch, das, »wenn es so zugeklappt daliegt«, nichts ist als »ein gebundenes, schlafendes, harmloses Tierchen, welches keinem was zuleide tut«.

Das revolutionäre, avantgardistische Überschreiten der Wirklichkeitsgrenzen zeigt sich keimhaft schon in verschiedenen frühen Bildgeschichten wie *Schreckliche*

Folgen der Neugierde, wo der Barbier dem neugierigen Bauern versehentlich das Haupt abschneidet.[174] Ohnehin ist Wilhelm Busch ein Dichter, der die Paradoxien liebt. So endet *Auf Wiedersehn,* das letzte Gedicht der Sammlung *Zu guter Letzt:*

Zwei Blinde, müd vom Wandern,
Sah ich am Ufer stehn;
Der eine sprach zum andern:
Leb wohl, auf Wiedersehn.[175]

174 *Werke. Historisch-kritische Gesamtausgabe,* Bde. I – IV, Bd. 1, Hamburg 1959, S. 71 – 72.

175 *Sämtliche Werke,* Herausgegeben v. Otto Nöldeke, Bd. 6, München 1943, S. 346 – 347.

Das Reden über

Ein Jahr nach *Balduin Bählamm* entsteht 1884 *Maler Klecksel.* Hier wird nicht einfach nur die Frage nach dem Schöpferischen auf eine weitere Kunstgattung erweitert, sondern sogleich, quasi noch im Prolog, im ersten Kapitel über Sinn und Zweck des Redens über die Kunst und die Welt sinniert. Angesichts der Meinungsmache durch Regierungspropaganda und mehr oder weniger subtil gesteuerter Medien wirkt es brandaktuell, wenn Busch durch seine scheinbare Akzeptanz der Mehrheitsmeinung diese entlarvt:

Vor allen der Politikus
Gönnt sich der Rede Vollgenuß;
Und wenn er von was sagt, so sei's,
Ist man auch sicher, daß er's weiß.[176]

Natürlich weiß der Dichter, daß die Herren Politiki mit ihrem »unfehlbaren Blick« wenig bis nichts wissen und daß gerade deshalb die Rhetorik ihnen eine

176 *Werke. Historisch-kritische Gesamtausgabe,* Bde. I – IV, Bd. 4, Hamburg 1959, S. 82 – 85.

Herzenssache ist. Aber er erblickt im Umkreis der Kunst nach demselben Muster das Betreiben der Phrasenautomaten:

Wo grade, wenn man nichts versteht,
Der Schnabel um so leichter geht.

Bitterböse wird es, wenn Busch die »ästhetisch durchgeglühten Tanten« der Teesalons beschreibt oder sich die Konzerte und Opernaufführungen vornimmt, wo man gesellig »voll humaner Wärme« sich dem Zwiegespräch hingeben könnte, wäre da nicht

… *das Gelärme,*
Das Grunzen, Plärren und Gegirre
Der musikalischen Geschirre
…. *So kommt die rechte Unterhaltung*
Nur ungenügend zur Entfaltung.

Hier wird allerdings nicht die Kunst attackiert, sondern die Pseudo-Kunst, das Geschwätz über Kunst und der Kunstmarkt. Aus den einstigen Debattierzirkeln haben sich diese der schöpferischen Kunst feindlichen, aber sich parasitisch an sie hängenden Phänomene heutzutage ausgeweitet in weite Räume – vom aktionistisch-videotischen Museumsbetrieb bis zu öffentlichen Aktiönchen, die gut gemeint sind, aber auch nichts sonst. Scharf geißelt Wilhelm Busch den »lieben

Kunstverein«, dieses »Reich der goldnen Rahmen«, wo »Schönheit und Geschmack« herrschen, »natürlich meistenteils mit Damen.«[177] All das ist weit entfernt von der Armut so vieler Maler, deren mehr als vage Berufsaussichten Busch ironisiert mit der Bemerkung »Vielleicht verdienst du was dabei!« Es gilt

Leicht kommt man an das Bildermalen,
Doch schwer an Leute, die's bezahlen.[178]

Und während das kleine Kind noch »die schöne Zeit naiver Kunst« mit seinen Kritzeleien genießen kann, setzt mit der Schule der Kampf gegen Mitmenschen ein, die wie der Lehrer Bötel »kein Kunstverehrer«, sondern »mehr auf das Praktische beschränkt« sind. Diese Konfrontation wird von beiden Seiten als Kleinkrieg ausgetragen, und sie setzt sich in seiner Lehre beim Anstreichermeister Quast für Kuno Klecksel fort. Als er, aus Rache ein Chaos hinterlassend, von dort abreist und die Kunstakademie besucht, muß er seinen Vater um einen Vorschuß anpumpen, den er prompt in Alkohol umsetzt. Auf der Akademie zeigt er vor allem Fähigkeiten im Bleistiftspitzen, im Radieren und im Schraffieren. Dann geht ihm auch noch das

177 *Werke. Historisch-kritische Gesamtausgabe,* Bde. I – IV, Bd. 4, Hamburg 1959, S. 84.

178 Ebd., S. 117.

Geld aus – das typische Leid des verbummelten Studenten. Der hält immerhin große Stücke auf sich selbst. Als der Kunstkritiker Dr. Hinterstich ihn im örtlichen Blättchen »vermöbelt«, rächt Klecksel als »ein rechter Maler, klug und fleißig« sich mit allen verfügbaren Mitteln, nicht zuletzt mit seinem spitzen Bleistift Nr. 5 von Faber. Immerhin ist dieser Krieg nur ein zeitweiliger und relativer, denn am Ende bekommt der Maler Klecksel seine Suse und mit ihr fünf Kinder und da er als Schimmelwirt sozusagen an der Quelle sitzt, kann er all die mit sich versöhnen, mit denen er einst stritt – bis auf das Fräulein von der Ach

vermögend zwar, doch etwas ältlich,
Halb geistlich schon und halb noch weltlich,[179]

die sich offenkundig Hoffnungen auf ihn gemacht hatte. Dieses glückliche Ende ist ein tragikomisches: Der Maler ist verschwunden und hat sich in einen satten, fetten Spießbürger verwandelt. Die verschiedenen Auseinandersetzungen lösen sich in Wohlgefallen auf, wenn denn es den Beteiligten möglich ist, ein gemeinsames Fundament im gemeinsamen materiellen Nutzen zu finden – und sei dieser das Abendbier beim Schimmelwirt. Sehr schön ist die Schlußvignette, in

---

179 *Werke. Historisch-kritische Gesamtausgabe,* Bde. I – IV, Bd. 4, Hamburg 1959, S. 131.

der ein dicker, mit einem Besen bewaffneter Teufel Kuno Klecksel samt Staffelei und Bierkrug umrennt. Den ganz und gar unmusischen Durchschnittsbürgern geht es allerdings nicht besser, wie der Dichter an Tobias Knopp demonstriert, der so gern zumindest nach seinem Tod betrauert würde, wenn es heißt »war da und ist gewesen« und dessen schlimme Befürchtung ist:

Keiner wird, wenn ich begraben,
Unbequemlichkeiten haben;
Keine Seele wird geniert,
Weil man keinen Kummer spürt.[180]

180 *Werke. Historisch-kritische Gesamtausgabe,* Bde. I – IV, Bd. 2, Hamburg 1959, S. 8 – 15.

Bourgeois, vous n'avez rien compris

Der wohlbeleibte und betuchte Bourgeois ist für Wilhelm Busch eine stehende Figur, so etwa in *Der neidische Handwerksbursch,*[181] in *Das warme Bad*[182] oder in *Zwei Diebe,*[183] wo der reiche Privatier mit einem Revolver und einem Säbel an der Wand und seinem Geld in der Nähe schläft. Trotz einiger Gegenwehr knebeln die Räuber ihn und hängen ihn an einem großen Nagel an die Wand. Auch die Köchin, die um Hilfe schreit, wird in einen Sack gesteckt und verschnürt. Zwar eilt »die brave Polizei« – zwei lächerliche Gestalten mit Hellebarde, Säbel und Nachtwächterlampe – herbei, aber die Diebe bewaffnen sich mit Regenschirmen und springen aus dem Fenster:

181 *Werke. Historisch-kritische Gesamtausgabe,* Bde. I – IV, Bd. 1, Hamburg 1959, S. 458 – 464.

182 Ebd., S. 416 – 424.

183 Ebd., S. 424 – 433.

Da sieht man beide lustig fliegen,
Die böse Sache scheint zu siegen.
Doch still: die Strafe fehlet nie!
Gesegnet sei das Paraplü!

Das Paraplü, der Regenschirm, bohrt sich bei beiden durch die Weichteile. Brutaler und grausamer, sexistischer und noch dazu unter Mißbrauch eines dezidiert religiösen Begriffs ist es kaum vorstellbar – und dies bei einem Autor, der allzuoft als Kindergeschichtenerfinder abgetan wurde, nachdem man ihn gründlich verkitscht und die kindliche Grausamkeit ausgeklammert hat. Jedenfalls sind hier weder die Kriminellen, noch die Überfallenen, noch die Vertreter der Staatsmacht heroisiert oder auch nur in irgendeiner Weise geschont worden. Alles ist Verkettung und Schicksal und erst recht rächt sich das eigene Fehlverhalten.

In *Die Strafe der Faulheit*[184] hält der Hundefänger dem Fräulein Ammer ihren allzu verwöhnten »allerliebsten« Hund Schnick frisch gehäutet am Bratspieß hin. Er läßt sie noch zwei Gulden für »Schnickens letzte Außenhülle« bezahlen, auf daß sie ihn sich ausgestopft hinstellen kann.

184 *Werke. Historisch-kritische Gesamtausgabe,* Bde. I – IV, Bd. 1, Hamburg 1959, S. 433 – 439.

Der Hundefänger ist ein Beispiel für den erfolgreichen Bösewicht. Auf der anderen Seite tauchen bei Busch auch Glückspilze auf, die als Dummkopf das sie begünstigende Schicksal nicht im mindesten verdient haben.[185] Immer wieder erscheinen in den verschiedensten sozialen Konstellationen Negativlinge wie etwa der Imker Hans Dralle, dessen mageres Schwein von seinen Bienen gestochen wird und nun, scheinbar fett und rund, dem Schweinekäufer für zwanzig Taler untergeschoben wird – mit der schönen Selbstberuhigung »»Wat schert et meck! Hei woll dat jo!«(»Was kümmert es mich! Er wollte das ja!«)[186] Da erscheint es sozusagen als gerechte Strafe, daß einem »Honigdieb und Bienentöter« sein Schwarm fortfliegt. Immer aber sind diese Negativlinge farbige und bewegende Figuren, die so gar nicht jenem Buch entsprechen, das Wilhelm Busch in seinem Gedicht *Empfehlung* geißelt: Ein Werk, bei dessen Lektüre man einschläft und das wie »eine leichte Löffelkost / Mit wenig Fett und vieler Grütze« schmeckt.[187]

---

185 *Sämtliche Werke,* Herausgegeben v. Otto Nöldeke, Bd. 6, München 1943, S. 375–376.

186 *Werke. Historisch-kritische Gesamtausgabe,* Bde. I–IV, Bd. 2, Hamburg 1959, S. 11–18.

187 *Sämtliche Werke,* Herausgegeben v. Otto Nöldeke, Bd. 6, München 1943, S. 358.

Heilige und Scheinheilige

Das religiös tuende Getue und die Heuchelei sind zeitlebens Wilhelm Busch ein Graus gewesen. In den *Abenteuern eines Junggesellen* besucht Knopp einen alten Bekannten, der einst »der Lustigste von allen« war, jetzt aber zum Frömmler geworden ist. Neben dem ausgesprochen ungastlichen Babbelmann erscheint dessen Gast, »ein Pater hochgelehrt«. Genau diesem rammt Knopp, als er sich »äußerst höflich, aber kalt« abwendet und verbeugt, seine Schirmspitze in die prompt blutende Nase. Da Babbelmann zuvor noch »Pist! – denn meine Frau erscheint!« ruft, wird zwischen den Zeilen eine homoerotische Beziehung zwischen ihm und dem Priester angedeutet.[188]

Der heilige Antonius von 1870 ist eine gedichtete und gezeichnete Polemik gegen den kirchlichen Mißbrauch der Religion – eingeleitet angesichts einer medialen Dauerberieselung mit Werbung und Unterhaltung von der Frage »Aber wo ist Frömmigkeit???«[189]

188 *Werke. Historisch-kritische Gesamtausgabe,* Bde. I – IV, Bd. 2, Hamburg 1959, S. 42 – 45.

189 Ebd., S. 76 – 137.

Die Bildgeschichte kreist um eine ausgesprochen fiktive Darstellung des Heiligen Antonius von Padua (geb. 1188 bis 1195, gest. 1231), benutzt aber auch Motive aus dem Leben des Antonius des Großen (geb. um 251, gest. 356). Der Heilige beginnt im ersten Kapitel unter dem Titel *Frühe Talente* mit Naschhaftigkeit, Diebstählen, Handel mit Beichtzetteln, dem Heranpirschen an Mädchen und dem Schulschwänzen seinen Lebenslauf. Seine Bekehrung zum Klosterleben folgt aus einer heftigen Erfahrung mit den Wechselfällen der Liebe: Die von ihm angebetete Julia, inzwischen verheiratet, lädt ihn zu einem Schäferstündchen ein, das aber schnell unterbrochen wird von der Heimkehr des Gatten, der auf den Nebenbuhler einstechen will. Antonius kommt nur davon, indem er sich ins Plumpsklo stürzt und von dort – ausgesprochen dekoriert – zu einem Kloster flieht. Dort malt er ein Bild der Jungfrau Maria. Sie rettet ihn, als er vom Teufel, der die Gestalt der Nonne Laurentia angenommen hat, dazu verführt wird, das Kloster zu berauben und prompt im Kerker landet. Erneut beschützt sie ihn, als ein Blitz seinen allzu lockeren und zweiflerischen Mitbruder vernichtet. Sein Gebet rettet den Klosterbrüdern in Padua den Weinkeller – er kann im Kreis anderer Rotnasen feiern. Als er der Zauberei angeklagt wird und zum Bischof Rusticus zitiert wird, bringt er einen stummen Knaben zum Reden – mit der unerwünschten Mitteilung, wer sein Vater ist, was den Bischof zu einer

Ruckzuck-Heiligsprechung veranlaßt. Wie unbeirrbar fromm er ist, beweist Antonius, als ein »verruchtes Weib«, die schöne Monika, ihn in ihr Bett zerren will. Da macht er lieber eine Wallfahrt nach Jerusalem, zuerst auf einem Esel, dann, als dieser von einem Bär gefressen wird, auf diesem Bären reitend. Und auch der letzten Versuchung, bei der ein schönes Mädchen sich als verkleideter Teufel entpuppt, entgeht er unbeschadet, um sich danach als Einsiedler in den Wald zurückzuziehen. Dort gräbt ein Schwein für ihn eine Quelle aus und bleibt bei ihm, bis beide gleichzeitig sterben und als zwei Freunde trotz Protestgeschrei der Türken und der Juden gegen das unreine Tier in den Himmel eingelassen werden.

Anders als diese Satire mit durchaus märchenhaften Zügen ist *Pater Filucius* aus dem Jahr 1872, vom Dichter selbst als eine »allegorische Eintagsfliege« bezeichnet, eine böse zupackende Polemik gegen die Jesuiten mit Seitenhieben auf die Franzosen (einer der mordbereiten Gauner heißt Jean Lecaq). Als Leitmotiv ertönt die Klage des Paters, in dessen Namen das französische »filou« (»Gauner«, Schlitzohr«) steckt:

Ach, man will auch hier schon wieder
Nicht so wie die Geistlichkeit!![190]

190 *Werke. Historisch-kritische Gesamtausgabe,* Bde. I – IV, Bd. 2, Hamburg 1959, S. 347 – 381.

Der schwarze Pater bringt nicht allein Streit und Flöhe in die Familie, sondern zeigt sich auch einem amourösen Abenteuer nicht abgeneigt. Ähnlich wird in *Ein schwarzer Kollege* aus den *Abenteuern eines Junggesellen* der namenlose Priester karikiert als einer, der sich bei der Ehefrau des Försters einschleicht und, als dieser die Bildfläche betritt, unter den Tisch und durchs Fenster flieht.[191] Analog zum Verbot der Jesuiten im Deutschen Reich vom Juli 1872, das bis 1917 galt, wird der Pater gewaltsam vor die Tür gesetzt. Seine Rachepläne führen allerdings nicht zum Erfolg – zusammen mit zwei Spießgesellen landet er unsanft »im Drecke«. Natürlich wird hier von dem kirchenfernen bis antiklerikalen Protestanten Busch nicht das Florett geführt, sondern im Sinne Luthers und Nietzsches mit dem Hammer philosophiert. Die letzte Zeichnung, in der auf einem Buch eine Schlange zerteilt und ein Schwert zerbrochen wird, läßt sich deuten als Sieg des Geistes über den Obskurantismus, mit dem auch der Kampf gegen die Dunkelmänner sich erledigt.

191 *Werke. Historisch-kritische Gesamtausgabe,* Bde. I – IV, Bd. 2, Hamburg 1959, S. 19 – 23.

Der Schmerz des Lebens

Es ist ein unangemessener, im Kern absurder Anspruch an die Wirklichkeit, daß sie uns nur schmerzfreie Glücksmomente bescheren möge:

Wie ich mich drehn und wenden mag,
's ist immer der alte Kummer.
Bald klopft vor Schmerz und bald vor Lust
Das rote Ding in meiner Brust.[192]

Immer wieder kommen Menschen buchstäblich oder im übertragenen Sinne unter die Räder. Negatives oder vielleicht auch nur ärgerlich leichtsinniges Verhalten wird manchmal wie bei den *Bösen Buben von Korinth,* die den kynischen Philosophen Diogenes in seiner Tonne quälen, bestraft durch Exekution:

Da hilft kein Weinen und kein Schrein,
Sie müssen unter's Faß hinein.[193]

---

192 *Sämtliche Werke,* Herausgegeben v. Otto Nöldeke, Bd. 6, München 1943, S. 236.

193 *Werke. Historisch-kritische Gesamtausgabe,* Bde. I – IV, Bd. 1, Hamburg 1959, S. 162.

Während der Buddhismus mit dem Nirwana immerhin eine – die allertotalste – Lösung für den Welt-Schmerz und das Leiden an der Welt anbietet, ist es nur noch lächerlich und peinlich, wenn kuriose Gestalten wie die Anti-Natalisten den Schmerz durch ein Beendigen der Fortpflanzung grundsätzlich beseitigen wollen. Zwar gibt es tatsächlich ohne das Leben keinen Schmerz, aber andererseits gibt es ohne den Schmerz kein Leben, sprich weder Geburt noch Tod. Und der Tod ist kein Verklärer und Heldengebärer: Als Tobias Knopp in *Julchen* nach der Vermählung seiner Tochter sozusagen biologisch und gesellschaftlich entbehrlich geworden ist, wird ihm der Lebensfaden abgeschnitten. Denn, wie der alte Busch in *Die Zeit* (1908 in *Hernach* erschienen) festhielt:

So ist nun mal die Zeit allhie,
Erst trägt sie dich,
Dann trägst du sie;
Und wann's vorüber, weißt du nie.[194]

Auch das Leben ist kein Freudental:

Du wächst heran, Du suchst das Weite,
Jedoch die Welt ist voller Leute;

194 *Werke. Historisch-kritische Gesamtausgabe,* Bde. I – IV, Bd. 4, Hamburg 1959, S. 349 – 352.

Vorherrschend Juden, Weiber, Christen,
Die Dich ganz schrecklich überlisten,
Und die, anstatt Dir was zu schenken,
Wie Du wohl möchtest, nicht dran denken.
Und wieder scheint Dir unabweislich
Der Schmerzensruf: Das ist ja scheußlich![195]

Unsere zeitgenössischen Sensibelchen werden aufheulen bei der Reihenfolge, die sie natürlich so interpretieren, daß die Juden doppelt so schlimm dargestellt seien wie die Christen. Es sind dieselben Leute, die Schnappatmung bekommen, wenn Georges Simenon in *Maigret, die Tänzerin und die Gräfin*[196] den jüdischen Arzt Dr. Bloch als schwulen Fiesling und Morphium-Lieferanten präsentiert.

Auch der Diogenes der Bildergeschichte ist nicht gerade ein Sympathieträger: Er wirkt wie ein grober Klotz – handfest, aber heruntergekommen und eher brutal. »Paßt auf! Jetzt kommt die Strafe«, heißt es, als die beiden noch auf dem Boden stehen und lachen, also genau in dem Moment, ehe sie mitgerissen und getötet werden. Natürlich ist der Begriff »Strafe« für die beiden Jungen nicht wörtlich zu nehmen. Es ist

195 *Werke. Historisch-kritische Gesamtausgabe,* Bde. I – IV, Bd. 2, Hamburg 1959, S. 208 – 211.

196 Bd. 36 der Sämtlichen Maigret-Romane im Diogenes Verlag.

charakteristisch für Wilhelm Busch, daß er Begriffe ironisch transformiert und verdreht. Damit stellt er unmittelbar die religiöse oder politische Ideologie in Frage, die auf einem dogmatisch festgelegten Gebrauch dieser Begriffe aufbaut und sie mit Bedeutungsfeldern wie »Verbrechen« und »Sünde« verbindet. Erst recht zweifelt er an den abergläubisch hergestellten Verknüpfungen, nach denen die Strafe der bösen Tat auf dem Fuße folgt oder naturnotwendig der Säufer und der Hurenbock selbst im warmen Rock frieren müssen. Wenn in *Hans Huckebein, der Unglücksrabe*[197] die Tante Lotte, für die Gut-Sein darin besteht, daß jemand ihr guttut, das böse Ende des Raben kommentiert

Die Bosheit war sein Hauptpläsier,
Drum« – spricht die Tante – »hängt er hier!!

so zweifelt der Leser an der Verderbtheit der Tiere. Dafür beobachtet er an dem Neffen Fritz dessen diebische Freude, als der Rabe die Tante, die ihn mit »welch ein gutes Tier« begrüßt, prompt in den Finger beißt. Auch wenn es nicht positiv für Hans Huckebein ausgeht und ihm seine kleinen Triumphe über Hund und Katze am Ende wenig nutzen – der die enge, kleinliche

197 *Werke. Historisch-kritische Gesamtausgabe*, Bde. I – IV, Bd. 1, Hamburg 1959, S. 475 – 499.

Ordnung zerstörende Rabe erzeugt Unglücke und Chaos, ist aber jedenfalls sympathischer als der hinterlistige Junge und seine muffige Tante.

In jedem Falle versucht der Verursacher des Chaos sich den Folgen zu entziehen. Der Affe Fips etwa flieht, nachdem er dem Frisör den Spiegel auf den Kopf geschlagen hat und seinem Kunden Haare und Kopf ruiniert hat, aus folgender Überlegung

»Mir scheint, ich bin hier unbeliebt!«
Denkt Fipps, der sich hinwegbegibt.[198]

198 *Werke. Historisch-kritische Gesamtausgabe,* Bde. I – IV, Bd. 2, Hamburg 1959, S. 290 – 298.

Illusionen der Gerechtigkeit

Die Gerechtigkeit des Schicksals ist eine bloße Illusion. Es geht nach Gesichtspunkten von Macht und Gerissenheit: In der Fabel *Die Teilung* teilt der als Schiedsrichter von Löwe und Wolf eingesetzte Fuchs, ein »Jurist von Fach«, dem Schwächeren den Schwanz des erbeuteten Wildschweins zu und dem Löwen den Rest. Der setzt ihn prompt als »Großvezier« ein.[199] Ebenso ist Vertrauen gegenüber Schmeichlern unangebracht, wie *Der Sack und die Mäuse* demonstriert, wo die Mäuse dem dicken Sack »Respekt und Reverenz« erklären, um ihn hinterrücks anzufressen und zu leeren.[200] Hilfsbereitschaft lohnt sich im übrigen selten: So wie der Mensch namens Meier dem ihm aufhelfenden Herrn den Zylinder über die Augen herabschlägt, erntet Herr Pumps in *Der unfreiwillige Spazierritt*[201]

199 *Sämtliche Werke,* Herausgegeben v. Otto Nöldeke, Bd. 6, München 1943, S. 295 – 296.

200 *Werke. Historisch-kritische Gesamtausgabe,* Bde. I – IV, Bd. 2, Hamburg 1959, S. 370 – 375.

201 *Werke. Historisch-kritische Gesamtausgabe,* Bde. I – IV, Bd. 1, Hamburg 1959, S. 396 – 403.

nur blaue Flecken, Hohn und Spott, als er das einem Leutnant durchgehende Pferd bändigen will. Ohnehin zählt in der Welt nicht das moralische oder geistige Vermögen, sondern das pekuniäre – auch in Sachen Zuneigung, wenn etwa der kurz zuvor von ihr wegen Zahlungsunfähigkeit hinausgeworfene, aber plötzlich wieder solvente Maler Klecksel von der Kellnerin des Löwenwirts freudig begrüßt wird:

Und Susel macht sich angenehm.
Denn alte Treu, sofern es nur
Rentabel ist, kommt gern retour.[202]

Erst recht zählt in Ehedingen das Geld. In *Julchen* heißt es aus der Perspektive ihres Vaters über die Heiratskandidaten:

Und dann Fritz, der Forstadjunkt,
Das ist auch kein Anhaltspunkt.
Einfach bloß als Mensch genommen
Wäre dieser höchst willkommen,
Nur muß Knopp sich dann entschließen,
Ganz bedeutend zuzuschießen.[203]

---

202 *Werke. Historisch-kritische Gesamtausgabe,* Bde. I – IV, Bd. 4, Hamburg 1959, S. 135.

203 *Werke. Historisch-kritische Gesamtausgabe,* Bde. I – IV, Bd. 2, Hamburg 1959, S. 177 – 183.

In der Zeichen-Welt des Wilhelm Busch spiegelt sich eine Außenwelt, in der es rigorose Kämpfe gibt sowie sehr viel Unten und Oben. Die Diebe hängen die Bourgeois an einen Wandhaken, der fette gefangene Hund wird in den Kochtopf des Hundefängers wandern. Der zunächst friedlich seine Brezel essende Herr Bartelmann in *Das Pusterohr* rächt sich brutal an dem ihn neckenden Jungen: Er schlägt ihm das Blasrohr in den Hals und die Zähne aus.[204] Auf dem Titelblatt der *Bilderpossen*[205] läuft der Hexenmeister mit gezücktem Messer hinter den Kindern her. In der dazugehörigen Geschichte *Hänsel und Gretel* bringen die als Braten bestimmten Kinder die Hexe und ihren Gatten um, aber bei ihrer Heimkehr wartet nicht etwa die Begeisterung ihrer Mutter, sondern deren Rute auf sie[206]. Auch der Rektor Debisch, der seinen durchtriebenen Sohn nicht durchprügelt, sondern ihn empört hinausweist, ist in seiner erfolglosen Lächerlichkeit alles andere als ein Vorbild.[207]

---

204 *Werke. Historisch-kritische Gesamtausgabe,* Bde. I – IV, Bd. 1, Hamburg 1959, S. 499 – 506.

205 Zweite Auflage Verlag Bassermann, München 1880.

206 *Werke. Historisch-kritische Gesamtausgabe,* Bde. I – IV, Bd. 1, Hamburg 1959, S. 328 – 341.

207 *Werke. Historisch-kritische Gesamtausgabe,* Bde. I – IV, Bd. 2, Hamburg 1959, S. 23 – 30.

Bauern und Barbiere sind nicht etwa gute Freunde: In *Der gewandte, kunstreiche Barbier und sein kluger Hund,* einer wortlosen Zeichengeschichte, schneidet der Barbier – ob absichtlich oder nicht, bleibt offen – dem Bauern die Nasenspitze ab, die der Hund sofort als seine Beute betrachtet. Als hätte das alles so seine Berechtigung, hält der Barbier dem Bauer den Spiegel vor und läßt ihn seine verpflasterte Nase betrachten.

In *Strebsam* höhnt Wilhelm Busch über väterliche Ermahnungen an den ehrgeizigen Sohn:

Voll Ehrfurcht hast du dich zu bücken,
Mußt heucheln, schmeicheln, mußt dich fügen;
Denn selbstverständlich nur durch Lügen
Kommst du vom Fleck.[208]

In einem anderen Gedicht heißt es, die gegenwärtige Misere des *Mainstreams* und des *Mainstreaming* sozusagen schon vorwegnehmend:

Meinst du, was die andern meinen,
Kommt man freundlich dir entgegen.[209]

---

208 *Sämtliche Werke,* Herausgegeben v. Otto Nöldeke, Bd. 6, München 1943, S. 296 – 297.

209 Ebd., S. 297 – 298.

Wilhelm Busch war stets bewußt, wie in allen Lebensbereichen Leistung und Anerkennung auseinanderklaffen. Sein Gedicht *Bestimmung* exemplifiziert das an einem feigen Bauern, der sich hinter seiner Frau versteckt, als ein Fuchs in den Hühnerstall eingedrungen ist. Zuvor gibt er ihr noch den guten Rat: »Sag Bescheid, wenn er dich beißt.« Die Frau erschlägt den Fuchs mit dem Besenstiel, zieht sich aber in der Kälte die Gicht zu. Ihr Mann erhält vom Fuchsfell eine warme Kappe, und es heißt dann im Dorf über ihn: »Der ist es, der den Fuchs erschlug.«[210] Ohnehin hält der Ruhm als »Schwindelware ... selten über tausend Jahre«.[211]

Zwischen allen Stühlen und Fronten, zwischen den Künsten, zwischen Wort, Palette und Zeichenfeder springend, nie ganz dies und nie ganz jener, hat Wilhelm Busch seine Konstanten. Die Kernelemente eines Gesamtwerks formen aus den *Fliegenden Blättern,* den kurzen und längeren Bildfolgen, den wenigen, aber exzellenten Gemälden, den auch nicht gerade auf Rückertsche Überproduktion, sondern auf Verknappung und Verdichtung ausgerichteten Gedichtsammlungen und den weniger als die buchstäbliche Handvoll umfassenden Prosaerzählungen und nicht zuletzt aus dem

---

210 *Sämtliche Werke,* Herausgegeben v. Otto Nöldeke, Bd. 6, München 1943, S. 303–305.

211 Ebd., S. 314–315.

kristallinen Zauberberg der Briefe und Lebenserinnerungen ein ebenso unwiederholbares, wie in sich folgerichtiges geschlossenes Ganzes. Quer durch die jeweils genutzten Ausdrucksmittel, quer durch die Lebensepochen vom unbekannten Kunstschüler und Erkenntnissucher hin zum gerade in seiner Berühmtheit mehr und mehr verkannten Dorfpatriarchen, Hagestolz und Nöckergreis lassen sich rote Fäden des Denkens und Gestaltens aufweisen, die zeitweilig stärker hervorbrechen, zeitweilig zurücktreten, aber stets sichtbar und wirkungsmächtig bleiben.

Biographie

Schriftsteller und Photograph. Geboren 1949 in Mülheim a. d. Ruhr. Studium mit Abschluß als Diplom-Psychologe. Arbeit in Beratung, Fortbildung und Therapie. Reisen und einige hohe Berge. Lebt im Bergischen Land zwischen Köln und Bonn. Bisher über 30 Bücher, u. a. fünf Romane (zuletzt *Der Stürzer,* München 2021), Erzählungen, sieben Lyrik-Bände (u. a. *Zellenberg,* deutsch / französische Übersetzung 2005 bei Editions Alhambra, Bertem / Belgien), Essays, Sachbücher. Seit 2001 Photographie-Einzelausstellungen in Deutschland und in Rumänien.
www.rolfstolz.de (Belletristik und Photographie).

Bibliographie (Auswahl)

Der unverminderte Schrecken, DIPA Verlag, Frankfurt a. M. 1991

Mitlesebuch Nr. 80 Rolf Stolz (Auswahl von Gedichten, mit sechs Illustrationen von Marina Volkova), Aphaia Verlag, Berlin 2006

Gwalt: Rußland-Erzählungen, Rumänien-Erzählungen, so etwas wie Geschichten, Kidemus-Verlag, Köln 2010

Das Blutmeer, die Treppe aus Glas, Edition Bärenklau, Bärenklau 2011

Grüsse und Flüge. Gedichte, Edition Bärenklau, Bärenklau 2014

Lesebuch Heinrich Schirmbeck, zusammengestellt und mit einem Nachwort von Rolf Stolz, Aisthesis Verlag, Bielefeld 2014

Lesebuch Otto Zur Linde, zusammengestellt und mit einem Nachwort von Rolf Stolz, Aisthesis Verlag, Bielefeld 2016

Sprungzeiten. Essays zur Literatur und Kunst. Edition Bärenklau, Bärenklau 2017

Sichtversehen – Photographien I. Edition Bärenklau, Bärenklau 2020

Der Stürzer, Roman, Verlag Romankiosk,
München 2021
Wendeblicke – Photographien II, Edition Bärenklau.
Bärenklau 2021

Seit 2018 erscheint die auf 15 Bände angelegte Ausgabe der *Werke* in der Edition Bärenklau. Bisher kamen heraus Bd. 1 (Prosa), Bd. 2, 4 und 5 (Lyrik), Bd. 7 und 8 (Romane), Bd. 11 und 12 (Aphoristisches und Philosophisches), Bd. 14 (Essays und Gedichte) – mit Vorworten u. a. des Philosophen Reinhard Hesse und der Germanisten Nikolaus Gatter und Ángel Repáraz.

EXIL in der edition buchhaus loschwitz
4. Staffel

3 Bände im Paket (ISBN 978-3-9823005-8-0 | 49 €)

Eberhard Straub *Europa. Ein ungesicherter Begriff*
englische Broschur | 104 S. | ISBN 978-3-9823005-5-9 | 17 €
Das Brüssel-Europa widerspricht sämtlichen europäischen Überlieferungen praktischer Weltklugheit. Jetzt wollen Funktionäre Einheit und nicht Einigkeit, Monotonie statt Polyfonie, die Gleichheit der Lebensverhältnisse, des Denkens und Wünschen und Wollens, sie möchten die Freiheit ersticken (…). Vom Geist und seiner Geschichte in Europa ist nicht mehr die Rede. (Eberhard Straub)

Thor Kunkel *Der Weg der Maschine. Annäherungen an den kybernetischen Sozialismus. Riskante Essays*
englische Broschur | 144 S. | ISBN 978-3-9823005-4-2 | 17 €
Abklärung statt Aufklärung, Durchdringungsmut statt Konformität: In seinen riskanten Essays gräbt sich Kunkel unter die Oberfläche der bunten One World, um aufzuzeigen, was sich dahinter verbirgt: ein sozialistisch vereintes Europa – nach dem Modell einer renovierten, kybernetisch gelenkten DDR 2.0.
Das Lesen von Kunkels Essays ist im heutigen Deutschland nicht weniger riskant als das Schreiben!

Rolf Stolz *Die Schärfe des Lachens: Wilhelm Busch*
englische Broschur | 152 S. | ISBN 978-3-9823005-6-6 | 17 €
Rolf Stolz beschreibt Wilhelm Busch als einen kritischen Realisten, »der vom Leben ausgeht und nicht von Wunschträumen, die den gerade Herrschenden ins Konzept passen oder die ausweichen in utopische Luftschlösser eines neuen Menschen und einer paradiesisch gerechten Welt.« Eine notwendige und vergnügliche Erinnerung an den Künstler und Autor Wilhelm Busch im Zeitalter von *political correctness.*

EXIL in der edition buchhaus loschwitz
3. Staffel

3 Bände im Paket (ISBN 978-3-9822049-9-4 | 53 €)

Ulrich Schacht *Im Schnee treiben. Essays zum poetischen Weltverständnis*
englische Broschur | 264 S. | ISBN 978-3-9822049-7-0 | 19 €
Der 70. Geburtstag des zu früh verstorbenen Ulrich Schacht ist Anlass, diesem temperamentvollen Kämpfer und sinnlichen Beobachter einen Essayband zu widmen. Schacht zeigt sich hier als ein Dichter, der die Natur zum Mittelpunkt seines Denkens und Ahnens macht. Der hohe Norden öffnete sich dem Theologen als poetisch schweigender Ort. Eine Hommage an das Sein in Landschaft und Welt, ein nachgelassener Schatz mit einem Vorwort von Heimo Schwilk.

Matthias Matussek *Außenseiter. Von Rebellen, Heiligen und Künstlern auf der Klippe*
englische Broschur | 216 S. | ISBN 978-3-9822049-6-3 | 19 €
Außenseiter sind, obgleich aus der Gesellschaft ausgeschlossen, dennoch ein Teil dieser Gemeinschaft. Und nach langen Jahren der Ausgrenzung, des Verhöhnens und der Diffamierung sind es oft plötzlich bewundernswerte Helden, die maßgeblich für Epochen, Strömungen und Zeiten stehen. Ein literarisches Helden-Kaleidoskop von Heine bis Joyce, von Syberberg bis Eastwood.

Thomas Naumann *Auf zum Letzten Gefecht*
englische Broschur | 264 S. | ISBN 978-3-9822049-8-7 | 19 €
Anhand von zwei Exil-Schriftstellern, Bertolt Brecht und Friedrich Wolf, setzt sich Thomas Naumann mit der immer währenden Utopie, dem Streben nach dem Neuen Menschen auseinander. Das Heilsversprechen, gründend auf der christlichen Idee, zeigt er entlang des Werkes Brechts, der sich sehr großzügig aus dem Reichtum der Bibel bediente, auf. Beim Kommunisten und Dramatiker Friedrich Wolf sieht Thomas Naumann als letztgeborener Sohn Wolfs dessen messianischen Eifer, der antreibt und gläubig irreführt. Der Ruf nach einer besseren, einer guten Neuen Welt war immer der Boden für Knechtschaft, Unterdrückung und Totalitarismus – das blutige 20. Jahrhundert steht hier nur beispielgebend.

EXIL in der edition buchhaus loschwitz
2. Staffel

3 Bände im Paket (ISBN 978-3-9822049-5-6 | 49 €)

Bernd Wagner *Mao und die 72 Affen*
englische Broschur | 232 S. | ISBN 978-3-9822049-0-1 | 19 €
Die Weltgeschichte muß umgeschrieben werden! Mao ist nicht gestorben, sondern wurde 1965 von einem daoistischen Priester in den Zustand der Unsterblichkeit versetzt, während ein Doppelgänger seine Geschäfte weiter führte. Und nicht nur das: mit Hilfe der magischen Zwiebeln des Daoisten kann er die Astralkörper der führenden Politiker beschwören und so die Weltpolitik in seinem Sinne manipulieren: vom Zusammenbruch des Sowjetreiches über die Flüchtlingskrise bis hin zum Ausbruch der Pandämonie, »Corona« geheißen. Eine bittere Satire.

Angela Wierig *Pawlowsche Idioten*
englische Broschur | 120 S. | ISBN 978-3-9822049-1-8 | 17 €
Der wohlgesonnenen Umschreibung, dass der Mensch die »Krone der Schöpfung« wäre steht Arthur Koestlers sinnige Analyse, den Mensch als »Irrläufer der Evolution« zu bezeichnen, gegenüber. Denn dort besagte Kluft zwischen Denken und Handeln beschäftigt auch Angela Wierig, wenn sie über den Siegeszug der Dummheit referiert und ihre These vom Homo insipiens, dem Törichten und Unwissenden fokussiert abhandelt.

Eva Rex *Rettet den gesunden Menschenverstand!*
englische Broschur | 112 S. | ISBN 978-3-9822049-2-5 | 17 €
Mit dem 1951 erschienenen Buch *Elemente und Ursprünge totaler Herrschaft* hat Hannah Arendt einen fundamentalen Schlüssel für die Totalitarismus-Forschung gelegt. Eva Rex stellt Arendt nun in den Kontext der Aufklärung: »Sapere aude«. »Rettet den gesunden Menschenverstand!« heißt damit vor allem eins, sich den totalitären Zwängen einer Mehrheitsgesellschaft zu widersetzen.

EXIL in der edition buchhaus loschwitz
1. Staffel

3 Bände im Paket (ISBN 978-3-9820131-9-0 | 49 €)

Uwe Tellkamp *Das Atelier*
englische Broschur | 112 S. | ISBN 978-3-9820131-8-3 | 17 €
Bilder mit Worten malen – man könnte meinen, dies geschähe, liest man Tellkamps Texte. *Das Atelier* gewährt faszinierende Einblicke in die Bilder und Welt der sächsischen –insbesondere Dresdner – Kunstszene, freilich nicht als Report oder schieres Abbild, sondern als Dichtung und Wahrheit: auf irisierende Weise stets auch das Ganze bedenkend.

Monika Maron *Krumme Gestalten, vom Wind gebissen. Essays aus drei Jahrzehnten*
englische Broschur | 112 S. | ISBN 978-3-9820131-6-9 | 17 €
Monika Marons neuer Essay-Band vereinigt unbestechliche und genaue Betrachtungen zu Land und Leuten, Mensch und Hund, aber auch zu dem, was uns täglich beschäftigt, sei es das Altern oder die nicht immer erfreuliche Lektüre der Medien.

Jörg Bernig *An der Allerweltsecke. Essays*
englische Broschur | 160 S. | ISBN 978-3-9820131-7-6 | 19 €
»So'ne Geschichten« sind das, was uns der Lyriker und Romancier Jörg Bernig in seinen Essays erzählt – er nimmt uns mit auf seine Streifzüge auf den Balkan und ins östliche Mitteleuropa, in Zonen der Verwerfungen und Brüche, zugleich auf fruchtbare Äcker, aus denen die kulturelle Vielfalt Europas wächst.